CJ E&M

바로간다 CJ E&M

초판 1쇄 발행 | 2016년 3월 21일

지 은 이 | 김동희, 이재호
발 행 인 | 김영희
기획·마케팅 | 권두리
편   집 | 최은정, 변호이, 김민지
디 자 인 | 박성민, 한동귀, 문강건, 김은환
발 행 처 | (주)에프케이아이미디어(프리이코노미북스)
등록번호 | 13-860호
주   소 | 07320 서울특별시 영등포구 여의대로 24 FKI타워 44층
전   화 | 출판콘텐츠팀 | 02-3771-0250 영업팀 | 02-3771-0245
홈페이지 | www.fkimedia.co.kr
팩   스 | 02-3771-0138
E - mail | tokyobulls@fkimedia.co.kr
I S B N | 978-89-6374-219-9 13320
정   가 | 1만 1,000원

◆ 낙장 및 파본 도서는 바꿔 드립니다.
◆ 이 책 내용의 전부 또는 일부를 재사용하려면 반드시 FKI미디어의 동의를 받아야 합니다.
◆ 내일을 지키는 책 FKI미디어는 독자 여러분의 원고를 기다립니다. 책을 엮기 원하는 아이디어가 있으면
   drkwon@fkimedia.co.kr로 간략한 개요와 취지를 연락처와 같이 보내주십시오.

이 도서의 국립중앙도서관 출판예정도서목록(CIP)은 서지정보유통지원시스템 홈페이지(http://seoji.nl.go.kr)와
국가자료공동목록시스템(http://www.nl.go.kr/kolisnet)에서 이용하실 수 있습니다. (CIP제어번호 : CIP2016006132)

바로취업 시리즈 ⑭

바로 간다 CJ E&M

베스트 애널리스트의 분석과
취업멘토 교수의 가이드

김동희 · 이재호 지음

프리이코노미북스

취업에 왕도는 없지만 바른 길은 있다

사실 취업 준비에 왕도王道가 있을까 싶습니다. 준비한 내용은 같아도 면접관의 성향이나 기호에 따라 그리고 지원자의 당일 컨디션에 따라 당락의 결과가 달라지기도 하는 것이 취업이기 때문입니다. 하지만 면접과정이 다면화·다층화될수록 이런 운運의 요소는 점점 희박해지게 됩니다. 최근 주요 대기업들은 선발의 변별력을 높이기 위해 인·적성 테스트 도입은 물론 자소서를 직무에세이 형식으로, 면접을 합숙 형태의 집합면접으로 전환하였습니다. 여러분도 당연히 이런 채용 프로세스가 탈脫스펙을 위한 것임을 잘 알고 계실 겁니다. 하지만 탈스펙을 위해서 무엇이 가장 필요한지에 대한 인식은 부족한 것 같습니다. 사진, 어학점수, 자격증, 수상 경력, 교환학생 경험 등과 같은 것을 안 본다면 과연 무엇으로 지원자의 역량을 평가할 수 있다고 생각하시는지요?

결국 서면書面과 대면對面 과정에서 지원자의 간절함과 준비 상태로 판단할 수밖에 없습니다. 간절함이란 먼 길을 함께 가도 좋겠다는 확신을 주는 것이고, 준비 상태란 희망 회사에 지원하기 위해 구체적으로 얼마나 많은 고민과 탐구활동을 했는가에 의해서 결정됩니다. 그래서 집합면접장에 들어가면 상황 케이스를 주고 전략이나 아이디어를 도출해보라는 질문이 빈번하게 출제됩니다. 사실 전문가도 이런 질문을 제한된 짧은 시간에 소화하기 어렵습니다. 해법은 면접관이 무엇을 기대하는지를 간파하는 데 있습니다. 입사를 위해 많은 고민을 해봤다면 그래도 '나름의 답을 하지 않을까'라는 면접관의 기대를 충족시키는 것 말입니다.

그래서 취업을 제대로 준비하기 위해서는 기업에 대한 이해가 전제되어야 합니다. 시간에 쫓기다 보면 기업분석의 필요성은 인정하지만 엄두가 나질 않는다는 생각이 드실 겁니다. '급할수록 돌아가라'는 속담이 있습니다. 급하면 무엇을 해도 몰입할 수 없다는 의미일 것입니다.

본 기업분석 시리즈는 취업 포털의 채용 공고문을 확인하는 순간부터 시작해도 전혀 무방합니다. 서류 심사에서 최종 면접까지 1개월에서 2개월의 기간 동안 본서를 활용하는 것에 시간적 부족함을 느끼지 않을 것입니다. 1장 산업 파트만 읽어도 기업을 분석하는 것에 대한 막연함에서 벗어날 수 있습니다. '멘토의 팁'과 '관련 자료 찾아보기' 코너를 곁들인 이유가 바로 여기에 있습니다. 애널리스트의 친절한 설명과 멘토의 가이드를 따라가다 보면 어느새 회사를 보는 안목이 생기는 것을 깨닫게 될 겁니다. 면접관이 무엇을 중요하게 생각하는지 알게 되므로, 자소서에 어떤 소재를 활용해야 할지 면접에서 어떤 부분을 언급하고 강조해야 할지 자연스럽게 알게 됩니다. **왕도는 없다고 했지만 바른 길은 있습니다. 바로 가는 취업을 원한다면 지금 바로 첫 페이지를 펼쳐보시기 바랍니다.**

문화를 이끌어가는 기업,
CJ E&M에 지원하려면…

〈슈퍼스타K〉부터 〈꽃보다 할배〉, 〈삼시세끼〉, 〈미생〉에 이르기까지 CJ E&M은 방송, 영화, 음악, 공연 등 다양한 미디어 콘텐츠와 플랫폼 서비스를 통해 문화 트렌드를 리드하는 아시아 No.1 종합 콘텐츠 기업으로 발돋움하고 있다. 늘 콘텐츠 차별화를 추구하는 자세로 고객에게 즐거움을 제공하고 한류의 세계화에 앞장서는 글로벌 미디어그룹 CJ E&M은 취업을 준비하는 학생이라면 누구나 한 번쯤은 일해보고 싶은 기업으로 손꼽을 것으로 생각된다.

CJ E&M에 입사하기 위해서는 기본적으로 서류전형, 필기테스트, 실무면접 등의 과정을 거쳐야 한다. 자기소개서는 매번 유형이 바뀌는 편인데, 중요한 건 자신만의 자소서를 작성해야 한다는 것이다. 개개인이 가진 특별한 경험을 해당 직무와 맞게 쓰는 훈련이 필요하다. 즉, CJ E&M에 지원한 동기, CJ가 아니면 안 되는 이유와 해당 직무를 얼마나 잘 수행할 수 있을지에 대해 본인의 실제 경험과 예시를 통해 풀어내는 스토리텔링 능력이 중요하다.

실무면접은 〈슈퍼스타K〉처럼 서바이벌 형식으로 진행된다. 8명이 토론 대결을 통해 네 명만 살아남는 형태를 취하기도 하고, 면접 주제로 "새로운 드라마 〈세 번째 스무 살〉의 주인공으로 최지우를 캐스팅하려고 하는데 어떻게 설득할 것인가?" 등이 제시되며, 이에 대해 창의적이고 분명하게 의견을 개진할 수 있는 능력이 필요하다. 해당 분야와 관련된 실무 경험을 쌓는 것도 중요하지만, **무엇보다 자신이 하고자 하는 업무가 무엇이며, 그 일을 어떻게 잘할 수 있고, 왜 하고 싶은지 고민**해본다면 면접에서 어떤 질문이 들어와도 막힘없이 대답할 수 있을 것이다.

마지막으로, 준비된 CJ E&M인이 되기 위해서는 책임감을 가지고 주어진 미션을 100% 이상 성취할 수 있는 실행력을 갖춘 사람이 되어야 한다. 거기에 겸손, 겸허, 예의를 두루 겸비하고 긍정적인 사고와 끊임없는 자기계발을 통해 배우고 성장하는 반듯함까지 갖춘다면 더욱 좋다. 또한 **열정과 의지, 불굴의 투지로 새로운 것을 성취하겠다는 '하고잡이'의 자세**를 갖출 것을 당부한다.

지치지 않는 열정으로 끊임없이 배우고 성장하는 당신은 제2의 나영석 PD를 능가하고 미생의 '장그래'와 같이 당당하게 CJ E&M의 주인공으로서 한류 2.0으로 불리는 K컬처를 확산시키는 데 선도적인 역할을 하게 될 것이다.

목차

CHAPTER 01 산업: 글로벌 대중문화의 새로운 지평을 열다

01 문화산업을 이끄는 주요 4개 사업

멘토의 팁 » 방송산업의 성장 키워드 뽑아보기
　　　　　 » 사업 및 시장 정보 챙기기
　　　　　 » 지원 분야의 이슈 이해하기

관련 자료 » 검색 키워드, '웹툰, 디지털 미디어 혁명, OTT, 스트리밍시장, N 스크린'
　　　　　 » 영화진흥위원회, 〈한국 영화산업 결산〉
　　　　　 » 한국콘텐츠진흥원, 〈2014년 통계로 보는 콘텐츠산업〉

CHAPTER 04 경영 요소: 전 세계인에게 재미와 감동을 선사하는 콘텐츠 기업

01 문화를 선도하는 대박 상품들의 탄생

한눈에 본다, CJ E&M

문화 콘텐츠의 발상지

- **매출액** 1조 1,541억 원
- **설립일** 2010년 9월 15일
- **사원수** 1,779명

현재 서울 마포구 상암동에 위치한 CJ E&M은 방송, 영화, 음악 산업을 영위하는 콘텐츠사업을 이끌어가고 있다. 드라마 〈응답하라〉 시리즈, 〈미생〉 등을 잇달아 히트시켰고 영화 「해운대」, 「국제시장」 등 1,000만 관객을 동원한 작품을 최다 보유하고 있으며 〈슈퍼스타K〉를 통해 음악 오디션 프로의 시대를 열기도 했다.

걸어온 길

1995년	CJ제일제당 내 멀티미디어사업부 신설 드림웍스에 3억 달러 투자, 영화산업 진출
1997년	미디어사업 진출, Mnet인수
2000년	CJ엔터테인먼트㈜ 설립
2002년	CJ미디어㈜ 설립
2003년	공연사업 진출
2004년	CJ인터넷㈜ 설립 넷마블 인수
2010년	㈜온미디어 인수, 상암동 CJ E&M센터 건립
2011년 3월	CJ E&M㈜ 출범(온미디어, CJ미디어, 엠넷미디어, CJ인터넷, CJ엔터테인먼트 합병)

필요로 하는 지원자의 역량

1. 콘텐츠에 대한 열정

대부분 인기 예능 프로그램을 좋아해서 지원하는 경우가 많다. 하지만 이런 단순 관심을 넘어 다른 사람이 봤을 때 '집요하다'라고 생각할 수 있을 정도의 열정이 필요하다. 콘텐츠에 대한 끈질긴 관심과 열정을 가진 사람을 선호한다.

2. 크리에이티브 역량

창의성은 태생적으로 타고난 사람도 있고, 노력형으로 개발된 케이스도 있다. 이러한 창의성을 본인만의 시각으로 방송 콘텐츠에 접목시킬 수 있는 크리에이티브 역량이 가장 중요하다. CJ E&M 신입사원들의 특징을 보면 콘텐츠에 대한 이해와 남다른 관심 그리고 콘텐츠사업을 간접적으로 경험해본 사람들이 많다.

 방송 콘텐츠

tvN, Mnet, OCN을 포함하여 오락, 음악, 영화, 스타일, 애니메이션 등 다양한 장르의 17개 채널을 보유하고 있으며 차별화된 콘텐츠를 케이블, IPTV, 디지털 등의 다변화된 미디어 플랫폼에 서비스하고 있다. 문화를 만들고 트렌드를 리드하는 창의적 콘텐츠를 제작함으로써 시청자들에게 가치를 전달하고, 세계 시장에 적극 진출하면서 콘텐츠산업 발전에 앞장서고 있다.

▶ 보유 방송 채널

▶ 최고 인기 프로그램

미생

바둑이 인생의 모든 것이었던 장그래가 프로 입단에 실패한 후, 냉혹한 현실에 던져지면서 벌어지는 이야기를 그린 드라마

삼시세끼

도시에서 쉽게 해결할 수 있는 '한 끼' 때우기를 낯선 어촌에서 가장 어렵게 해보는 야외 버라이어티 프로그램

응답하라 시리즈

1990년대를 배경으로 그린 청춘드라마. 그 시대를 살아온 지금 콘텐츠 소비 세대들에게 큰 호응을 얻어 응사, 응칠, 응팔 등 시리즈로 제작되고 있다.

SNL

'뭘 좀 아는 어른들'의 생방송 코미디.
더 솔직하게, 더 유쾌하게, 한국 코미디의 계속되는 진화 'SATURDAY NIGHT LIVE'

영화 콘텐츠

1995년 영상산업에 진출한 이래 기획, 투자, 배급까지 영화산업의 모든 단계를 아우르며 한국 영화시장의 진화를 이끌고 있다. 국내 영화시장에서 독보적인 1위를 유지하고 있을 뿐 아니라 드림웍스가 만드는 작품들을 독점 배급하고 있다. 또한 할리우드 유명 스튜디오 및 중국, 일본, 베트남 등 다양한 국가와의 합작 영화를 통해 국내를 넘어 세계 영화산업의 허브로 자리 잡고 있다.

▶ 역대 1,000만 관객 동원 영화

명량 1,761만 명(역대 최다 관객 및 최단 기간)

- **장르** 액션, 사극, 전쟁
- **상영시간** 128분
- **개봉** 2014년 07월 30일
- **등급** 15세 관람가
- **감독** 김한민
- **출연** 최민식, 류승룡

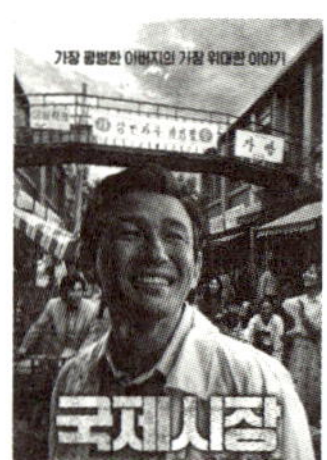

국제시장 1,400만(역대 2위)

- **장르** 드라마
- **상영시간** 126분
- **개봉** 2014년 12월 18일
- **등급** 12세 관람가
- **감독** 윤제균
- **출연** 황정민, 김윤진 오달수, 장진영

베테랑 1,300만(역대 3위)

- **장르** 액션, 드라마
- **상영시간** 123분
- **개봉** 2015년 08월 05일
- **등급** 15세 관람가
- **감독** 류승완
- **출연** 황정민, 유아인, 유해진

광해, 왕이 된 남자 1,231만

- **장르** 사극, 드라마
- **상영시간** 131분
- **개봉** 2012년 09월 13일
- **등급** 15세 관람가
- **감독** 추창민
- **출연** 이병헌, 류승룡, 한효주 김인권, 장광, 심은경

해운대 1,127만

- **장르** 드라마
- **상영시간** 120분
- **개봉** 2009년 07월 22일
- **등급** 12세 관람가
- **감독** 윤제균
- **출연** 설경구, 하지원, 박중훈 엄정화, 이민기, 강예원, 김인권

 ## 음악 콘텐츠

국내 최대 규모의 투자, 제작, 유통을 통해 K-POP의 한류를 선도하고 있다. 또한 음악 포털 사이트 엠넷닷컴 운영을 비롯하여, 연간 400여 타이틀, 2,000여 곡을 유통하고 있으며, 연간 300회 이상 국내외 콘서트 및 페스티벌을 개최하며 콘서트 문화의 대중화에 기여하고 있다.

▶ 음악사업 부문별 역할

투자

신인 아티스트 발굴 및 육성, 음악 제작·기획사에 대한 투자지원·협업을 통한 음반 및 음원 출시, 프로모션 기획, 부가사업 등을 종합적으로 담당하고 있다.

제작

CJ E&M의 대표 콘텐츠 '응답하라' 시리즈, 〈미생〉 등의 음원·음반은 물론 〈괜찮아 사랑이야〉, 〈피노키오〉 등의 인기 지상파 콘텐츠의 OST 제작에 참여함으로써 양질의 콘텐츠를 생산하고 있다.

유통

엠넷닷컴, 멜론 등 국내 주요 음악사이트와 아이튠즈, 유튜브, 구글플레이 등 해외 주요 음악사이트에 음원을 공급하고 있으며, 효율적인 음악 유통 전략의 수립 및 실행을 통하여 유통 콘텐츠의 경쟁력을 강화하고 이를 통해 음악과 아티스트의 가치를 극대화하고 있다.

라이선스

SA(Sourcing Agent)사업을 통해 엠넷닷컴, 네이버, LG유플러스 등 국내 최고의 플랫폼사들에게 음악 콘텐츠를 독점 공급하고 있습니다. 더불어, 글로벌 파트너인 비츠뮤직과 구글뮤직에 K-POP 콘텐츠를 제공함으로써 해외 시장 속 K-POP의 지속적 확산에 앞장서고 있다.

CJ E&M

산업:
글로벌 대중문화의 새로운 지평을 열다

CJ E&M은 2011년 3월 CJ그룹 계열의 케이블 MPP(Multiple Program Provider)인 온미디어, CJ미디어, 엠넷미디어, 게임업체인 CJ인터넷, 영화 투자·배급사인 CJ엔터테인먼트가 합병하며 탄생한 회사입니다. 2013년 게임사업 부문은 물적분할을 단행했습니다. 현재 영위하는 4가지 주요 사업인 방송, 영화, 음악, 공연 산업에 대해 보다 자세하게 탐색해보겠습니다.

01
문화산업을 이끄는
주요 4개 사업

방송: 산업의 빠른 성장과 디지털 방송 시대의 개막

한국의 텔레비전 방송은 1956년 최초의 텔레비전 방송이자 상업방송인 '대한방송'으로 시작되었다. 대한방송은 미국 RCA와의 민간자본 합작사로 세계에서 15번째로 TV 방송을 시작했다. 설립 초기 금요일을 제외하고 격일마다 하루 2시간씩 보도, 교양, 오락을 방송하였다. 그러나 1959년 원인불명의 화재가 발생하여 사옥과 방송기재가 전소되고 재기불능의 상태에 빠지고 말았다.

이후 1961년 국영방송인 KBS_TV(서울텔레비전방송국)가 정식으로 개국하였다. 1962년에는 민간상업방송인 TBC_TV(동양텔레비전방송주식회사)의 개국, 1969년 MBC_TV(한국문화방송주식회사)가 개국되면서 한국 지상파 방송은 삼국시대를 맞이하게 된다.

케이블TV는 다양한 채널에 대한 수요의 확대로 1995년 1월 시험방송을 거쳐 그해 3월부터 아날로그 방송이 정식 시작되었으며 보도, 영화, 음악 등 12개 분야 20개 채널로 개시되었다. 케이블TV 가입자는 시작 당시 10만 가구도 되지 않았지만, 2016년 현재 1,500만 가구까지 가입자가 확대되었다. 2010년에는 위성방송 스카이라이프가 세계 최초 24시간 3D 전문채널 Sky3D 방송을 개시하였으며, 2011년 KT에 피인수된 후 KT스카이라이프가 출범한다. 위성방송이란 지상에서 전송한 방송신호를 지구로부터 36,700km² 떨어진 정지궤도의 위성을 통해 지상의 수신안테나에 재전송하는 방송의 한 형태로 다채널, 쌍방향, 고화질 등이 특징이다. 이후 2012년 12월 31일을 기점으로 지상파 방송의 아날로그 송출이 종료되면서 전면적인 디지털 방송시대가 열리게 된다.

방송산업은 콘텐츠를 기반으로 하는 문화산업으로 IPTV, 태블릿 PC, 스마트폰, 스마트TV 등 새로운 매체의 등장에 따라 '다채널 다매체' 시대로 접어들었다. 따라서 산업의 헤게모니는 과거 플랫폼 중심의 성장에서 '콘텐츠 중심'으로 이동하고 있다. CJ E&M를 비롯하여 방송사들은 자체제작을 강화하고 해외 채널로 진출해 프로그램을 판매하는 등 수익원 다각화를 진행 중이다. 또한, 스마트폰의 대중화는 방송 프로그램이 클립 중심의 '스낵형 콘텐츠'로 소비되는 환경을 탄생시켰다. 방송산업은 콘텐츠 자체제작 능력과 자본력에 있어 역량이 확보된 PP(Program Provider)들을 중심으로 큰 폭의 성장이 예상되며 부익부 빈익빈 현상은 심화될 전망이다.

매체별 총 광고비 – 모바일, IPTV, 위성방송의 증가

(단위: 억 원)

구분		2009	2010	2011	2012	2013	2014
4대 매체	TV	16,709	19,307	20,775	19,307	18,273	16,820
	라디오	2,231	2,565	2,604	2,358	2,246	18,273
	신문	15,007	16,438	16,753	16,543	15,447	14,943
	잡지	4,388	4,889	5,142	5,077	4,650	4,377
	4대 매체 계	38,335	43,199	45,274	43,285	40,616	54,413
뉴미디어	케이블TV	-	-	-	13,218	13,825	14,350
	SO	-	-	-	655	712	635
	위성방송	-	-	-	130	151	192
	IPTV	-	-	-	235	380	103
	DMB	-	-	-	168	124	755
	온라인	-	-	-	19,540	20,030	18,674
	모바일	-	-	-	2,100	4,600	8,391
	뉴미디어 계	20,609	25,748	30,685	36,046	39,822	43,100
옥외광고		6,248	7,494	8,464	9,105	9,645	9,362
총 광고비		65,192	76,441	84,423	88,436	90,083	106,875

자료: 제일기획

구분		1Q15	2Q15	3Q15	4Q15	2015	2016E
4대 매체	TV	3,658	4,676	4,206	4,506	17,100	17,119
	라디오	448	559	549	587	2,143	2,052
	신문	3,424	3,180	3,118	3,492	13,214	13,325
	잡지	990	1,055	1,013	1,237	4,295	4,595
	4대 매체 계	8,520	9,470	8,886	9,876	36,752	37,091
뉴미디어	케이블PP	3,233	3,927	3,574	3,885	14,619	15,217
	인터넷	6,365	6,559	6,433	6,873	26,230	27,030
	기타**	4,689	5,206	4,654	5,367	19,916	20,773
	6대 매체***	18,118	19,956	18,893	20,634	77,601	79,338
총 광고비		22,807	25,162	23,547	26,001	97,517	100,111

**기타: 옥외광고, 모바일, 제작, 극장, 교통, IPTV, 위성TV, SO
***6대 매체: 지상파TV, 라디오, 신문, 잡지, 케이블PP, 인터넷
자료: KOBACO

매체별 총 광고비 추이 및 전망 - 뉴미디어의 성장

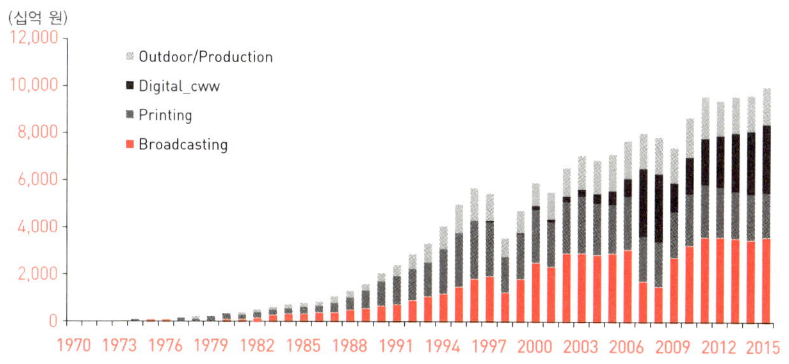

2015년 국내 광고시장 규모는 전년대비 7.6% 증가한 9조 7,517억 원으로 추정된다. 방송광고시장은 전년대비 1.7% 증가한 1조 7,100억 원이나, 인터넷광고시장은 40.5% 증가한 2조 6,230억 원 수준으로 높은 성장률을 시현하고 있다. 참고로 라디오 2,143억 원(+5.9% YoY), 신문 1조 3,214억 원(-11.6% YoY), 잡지 4,295억 원(-1.9% YoY), 케이블PP 1조 4,619억 원(+1.9% YoY) 수준으로 전망된다.

멘토의 Tip ❶   방송산업의 성장 키워드 뽑아보기

방송산업의 성장 키워드를 생각해봅시다.

방송산업의 성장축이 플랫폼에서 콘텐츠 중심으로 진화하고 있다는 점, 그리고 스마트폰이라는 새로운 매체의 등장으로 클립 중심의 스낵형 콘텐츠 소비 환경이 조성되었다는 점은 CJ E&M에게 매우 중요한 부분일 것입니다. 지원자라면 이런 방송산업의 흐름에 대해 기본적인 윤곽 정도는 세워두기 바랍니다. 그리고 매체별 총 광고비 현황표를 참고해서 각 매체별 비중과 최근 추이를 살펴두면 면접 시 유용할 겁니다.

관련 자료 찾아보기 ❶
검색 키워드, '웹툰, 디지털 미디어 혁명, OTT,
스트리밍 시장, N 스크린'

취준생이라면 '웹툰', '디지털 미디어 혁명', 'OTT(Over The Top)', '스트리밍 시장', 'N 스크린' 등과 같은 용어는 들어보았을 겁니다. 하지만 이런 최신 미디어 키워드들을 조각으로만 이해하고 있어서는 안 됩니다. 미디어 시장 질서가 어떻게 변화하고 있는지, 그리고 누가 기존의 강자들을 무력하게 만들고 있는지 등의 관점에서 위 용어들에 대한 구체적인 이해의 시각을 갖추어야 자소서나 면접에 대비할 수 있습니다. CJ E&M은 아예 스펙란을 없애고 몇 가지 질문만으로 서류심사를 하고 있습니다. 미디어 회사에 입사하기 위해 얼마나 고민하고 준비했는지를 실질적으로 보겠다는 메시지입니다.

영화: 「쉬리」로 시작된 영화시장의 호황

1999년 「쉬리」의 히트를 시작으로 '한국형 블록버스터' 시대가 개막

되었다. 2012년 한국 영화 관객은 누적 1억 명을 돌파하였으며, 2014년 「국제시장」은 개봉 28일 만에 1,000만 관객을 돌파하는 등 한국 영화시장은 꾸준한 호황을 만끽하고 있다.

영화산업은 하나의 영상 콘텐츠가 극장에 상영되는 것만 아니라, TV·IPTV·위성방송·모바일 등 다양한 매체에서 상영되고 창구화 windowing되는 과정을 통해 반복 판매되며 부가가치가 증대되는 성격을 가지고 있다. 또한 영화는 대표적인 흥행 콘텐츠로 일반 재화와 비교할 때 그 성과를 정확하게 예측하기 어렵다는 리스크를 보유하고 있으나, 1차 창구에서 성공하면 2~3차 매체에서의 성공까지 쉽게 연결된다는 장점을 보유하고 있다.

2014년 전체 영화산업 매출은 2조 276억 원으로 전년대비 7.6% 증가했다. 영화산업 매출액이 역사상 처음으로 2조 원을 돌파하며 성장

한국 영화산업 시장 - 최초 매출액 2조 원 돌파

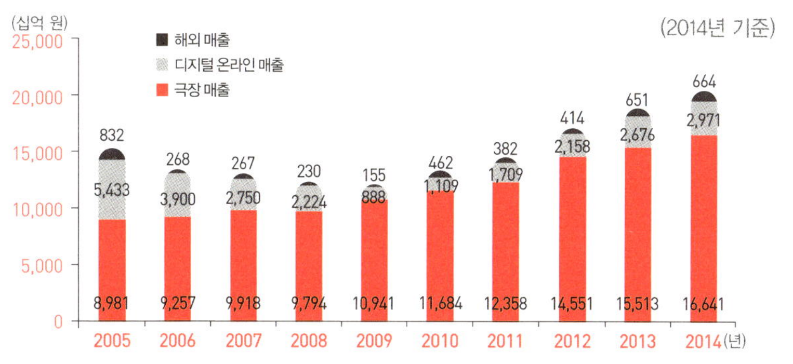

자료: 영화진흥위원회

성은 지속적으로 확대되고 있다. 기존 상영관(극장) 매출에서 부가판권(온라인, 모바일, IPTV), 해외 수출까지 수입원이 다각화되고 있기 때문이다. 참고로 2014년 극장 입장권 매출액은 1조 6,641억 원(+7.3% YoY), 관객 수는 2억 1,506만 명(+0.8% YoY), 1인당 연평균 관람 횟수는 4.19회, 한국 영화 점유율은 50.1%를 기록하였다.

멘토의 *Tip* ❷ — 사업 및 시장 정보 챙기기

산업과 시장 관련 개요 정보를 챙겨둡시다.

국내 영화산업의 규모는 2014년 기준으로 전체 매출액 약 2조 원, 관객 수는 약 2억 1,500만 명, 1인당 연평균 관람 횟수는 약 4.2회, 한국 영화 점유율은 약 50%라는 정도는 반드시 인지하고 있어야 합니다. 산업이나 시장 관련 개요에 해당하는 정보들은 면접에서 언제든지 상식 점검 차원에서 다뤄질 수 있기 때문입니다.

관련 자료 찾아보기 ❷
영화진흥위원회, 〈한국 영화산업 결산〉

영화진흥위원회(영진위)^KOFIC에서 매년 발간하는 〈한국 영화산업 결산〉 자료를 잘 챙겨보시기 바랍니다. 국내 영화산업 전반에 대한 개요뿐만 아니라 온라인시장 현황, 국내 영화 제작비와 투자 수익성, 전국 극장 및 멀티플렉스 현황 등 시장 전반에 걸친 개요와 흐름을 살펴보는 데 매우 유용합니다.

음악: 안정화되는 음원시장

2000년대 초반 MP3의 등장으로 음악시장은 기존 음반 중심에서 음성적 P2P 중심의 디지털 음원으로 이동하며 급격한 침체기에 진입하였다. 그러나 2008년 지적재산권 강화를 위해 소리바다에 법적 제재 조치가 내려짐에 따라 점진적으로 합법적 유통시장으로 전환, 2011년 스마트폰 보급의 확대로 음악시장은 기존 다운로드 방식에서 스트리밍 방식으로 이동하고 있다. 또한 2013년 개정된 징수 규정에 따르면 음악 저작권자 및 인접권자의 권리가 확대되어 징수 요율이 개정되었다. 그 결과, 권리자들의 수익금이 늘어난 만큼 소비자 가격도 지속적으로 상승, 디지털 음원시장은 성장세를 시현하고 있다.

음악 공연시장은 콘서트와 페스티벌 등 크게 2가지로 나뉜다. 먼저 콘서트시장은 오디션 프로그램 및 K-POP 확대, 국내 아티스트들의 글로벌 시장 진출에 따라 질적, 양적 성장을 진행 중이다. 반면 페스티벌시장은 대형 페스티벌 난립 및 해외 아티스트들의 개런티 상승, 유사 콘셉트의 페스티벌들이 같은 기간에 집중되는 등의 경쟁 심화로 수익성이 악화되기도 하였고, 2014년 세월호 사건의 여파로 페스티벌이 대거 취소되며 숨 고르기 국면에 진입한 상태다.

2015년 국내 음악시장 규모는 1조 3,000억 원 수준이며, 부문별로는 음반 2%, 음원 57%, 콘서트 41%의 비중을 차지한다. 2012~2016년의 디지털 음원시장의 유료 가입자 성장률[CAGR]은 14.2%로 추정된다. 유료 가입자의 이용 패턴에 따라 PC음악 서비스 이용자가 30%, 모바일이 70%의 비중을 차지한다.

국내 음악시장의 성장 – 음원이 주도

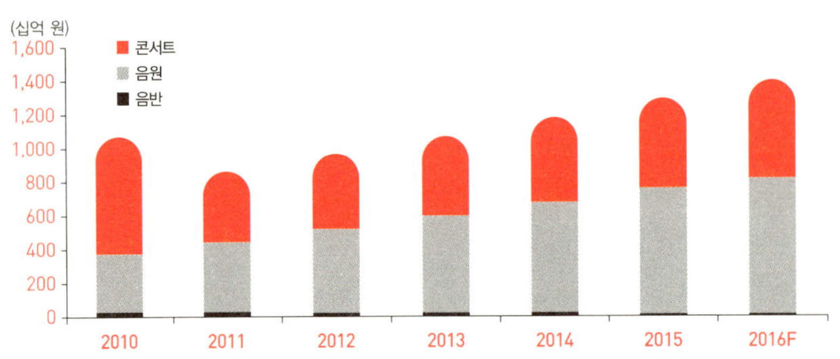

세계 음악산업 매출 규모 – Physical에서 Digital 음원으로 이동하면서 매출 규모도 점차 축소

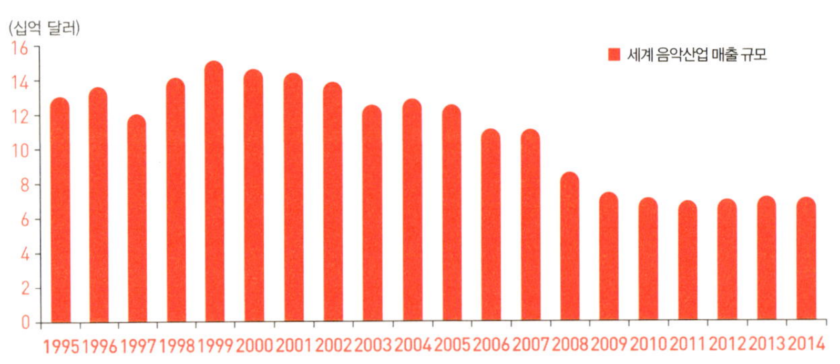

지원 분야의 이슈 이해하기

지원하는 영역의 산업 이슈들에 대한 구체적인 이해도를 갖춥시다. 최근 〈K-POP 스타〉 같은 오디션 프로그램이 대중의 인기를 끌면서 국내외 대학에 실용음악 전공 지원자들이 많아졌습니다. 이런 흐름을 반영해서인지 CJ E&M에서도 자소서에 본인이 생각하는 세계 음악의 흐름을 물어보는 질문이 제시된 바 있습니다. 그냥 CJ E&M이 '좋아 보여서' 지원하는 경우를 아예 차단하겠다는 의지로 해석됩니다. 따라서 입사 의지를 보여주기 위해서는 자신이 지원하는 영역의 산업 이슈들에 대해 보다 구체적인 이해도를 갖추는 자세가 필요합니다.

공연: 풍부한 성장잠재력을 가진 산업

국내 공연산업(뮤지컬·연극)은 P(문화소비금액)와 Q(공연장·공연관람율)가 동시에 성장하고 있는 산업으로 성장잠재력이 풍부하다. 지난 10년간 공연티켓시장은 약 3배 증가하였으나 시장 규모는 아직도 6,000억 원 수준에 불과하며 한국인의 오락 관련 지출 비중은 3.7%로 OECD 선진국의 5.5% 대비 현저히 낮은 편이다(2011년 기준).

국내 공연티켓시장 규모 – 연평균 10% 안팎의 꾸준한 성장

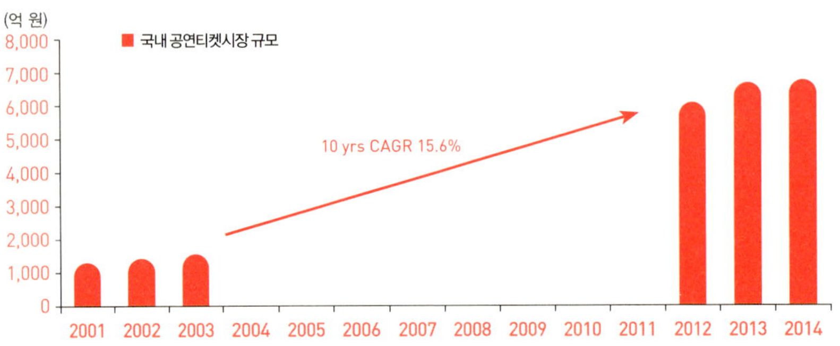

자료: 방송통신위원회

관련 자료 찾아보기 ❸
한국콘텐츠진흥원, 〈2014년 통계로 보는 콘텐츠산업〉

한국콘텐츠진흥원KOCCA에 들어가서 '콘텐츠 지식' 메뉴의 자료 중에서 〈2014년 통계로 보는 콘텐츠산업〉 자료를 챙겨보시기 바랍니다. 국내 공연산업이 아직은 초기 단계인 관계로 관련 분석자료가 다양하지 못하지만, 정부 정책연구소에서 발간하는 관련 자료들 정도라도 틈틈이 봐둔다면 자소서 작성이나 면접에서 유용한 지식을 구축해둘 수 있습니다. 참고로 CJ그룹의 공식블로그인 'CJ Creative Journal'(http://blog.cj.net)의 이야기 메뉴에 들어가서 CJ E&M 공연사업 부문을 가볍게 읽어보시기 바랍니다. 공연 부문 임원과의 인터뷰 등 관련 내용을 참고할 수 있습니다.

02

산업 성장에 따른
가치의 변화

방송: OSMU를 통한 다양한 부가가치 창출

방송 매출액은 경기 및 계절적인 영향에 따라 민감하게 움직인다. 하지만 CJ E&M은 콘텐츠 파워 향상에 주력하여 꾸준히 성장세를 보여주었다. 방송의 수익 모델은 광고료와 수신료로 구성되며 매출 비중은 65:35 수준이다. 광고료는 광고 시간에 따라 책정된 요금을 받고 광고대행사에 수수료를 지불하는 모델이다. 수신료는 MSO(Multiple System Operator)들이 수신료 매출 중 25%(정부 가이드 기준)를 PP들에게 지급하는 모델이다.

방송산업은 콘텐츠를 기반으로 하는 문화산업으로 생산과 공급을 거쳐 재가공된 콘텐츠는 국내 판매, 해외 수출 등을 통해 새로운 부가가치로 창출된다. 특히 인터넷, 모바일, IPTV 등 다양한 신규 플랫폼에 대해서도 별다른 재가공 비용 없이 활용될 수 있어 OSMU(One Source Multi Use)를 통한 다양한 부가가치가 파생된다.

a. 진입장벽과 다양한 규제

방송사업은 '콘텐츠 자체제작력과 자금력'이라는 두 가지 핵심 역량이 확보된 플레이어(Player, 방송사, PP 등을 말함)들을 위주로 큰 폭의 성장이 예상된다. 이로 인해 방송업계의 부익부 빈익빈 현상은 더욱 심화될 것으로 판단된다. 또한, 방송은 타 매체 대비 국민생활에 미치는 영향력이 크기 때문에 각종 규제가 존재하고, 정부가 그 필요성을 인정할 때 허가를 하므로 진입장벽이 상당히 높다. 또한 '전파'라는 희소자원은 국가에서 할당받은 공공재적인 성격, 그리고 사회문화적인 영향력을 가지기 때문에 많은 규제가 존재한다.

- **진입규제:** 방송사업자는 사업 진출 시 정부기관(방송통신위원회)으로부터 해당 방송사업의 종류에 따라 허가·승인·등록 절차가 필요. 특히 종합유선방송사업의 경우 3년마다 재허가를 받도록 함으로써 시장 진입 및 유지에 관해 규제를 받음. 방송채널사용사업은 일정 분야를 제외하고 등록제로서 진입이 용이한 편
- **소유규제:** 종합유선방송사업자[SO], 방송채널사용사업자[PP], 전송망사업자[NO], 위성방송사업자, 지상파방송사업자는 시장점유율 또는 사업자 수 등을 고려하여 대통령령이 정하는 범위를 초과하여 상호 겸영을 제한
- **내용규제:** 방송사업자는 방송 편성, 송출에 있어 방통위로부터 내용에 관

하여 심의를 받으며, 송출에 있어서는 방통위로부터 내용에 관하여 규제를 받음

- **기술규제:** 방송사업자는 허가·승인·등록 시 혹은 방송국 허가 시 방통위로부터 기술에 관한 검사를 받아야 함

b. 산업의 성장성

방송의 핵심 수익원은 광고이며 기본적으로 GDP(국내총생산), 특히 내수산업의 성장과 밀접한 관계를 가진다. 실제 과거 10년을 기준으로 GDP 대비 광고비 비율은 0.8~1.0%의 비중을 차지하였다. 2000년대 중반 이후 기존 4대 매체에 집중되었던 광고비가 모바일을 비롯한 신규 미디어로 이전되는 현상이 뚜렷해졌다. 이는 매체 간 대체현상 심화, 국내 경제가 저성장 체제로 전환됨에 따른 변동성 확대 등에 기인한다.

제작자로서의 소양과 콘텐츠에 대한 기본 지식을 쌓아둡시다.

방송 비즈니스는 결국 차별화된 콘텐츠 제작과 이를 통한 광고료 수입을 노리는 것이라 하겠습니다. 따라서 회사 입장에서 입사지원자에게 요구하는 역량이라 함은 결국 콘텐츠에 대한 이해와 제작자로서의 기본 소양일 겁니다. 방송 직무 지원자가 자소서 작성 시 우선적으로 고려할 부분도 결국 이 두 가지입니다. 성장과정, 대내외 활동, 자신의 장점을 정리할 때 잘 참고하기 바랍니다.

유튜브에서 'CJ E&M 방송 콘텐츠'를 키워드로 현직 근무자들이 직접 올려놓은 동영상을 참고해보기 바랍니다. 디테일한 내용까지는 아니지만 어떤 직무를 수행하는지 윤곽 정도는 파악하는 데 도움이 됩니다. 중요한 점은 일상 업무를 잘 이해하는 것입니다. 예컨대 아침에 출근해서 SNS 마케팅 관련 일부터 체크하는 부분이 있다면 이런 것이 진짜 회사 업무인 겁니다. 처음부터 거창하게 '방송 제작한다' 이렇게 생각할 것이 아니라, 한 명의 조직원으로서 SNS 마케팅 관련 업무 하나라도 스마트하게 처리할 수 있다는 개념으로 접근해야 CJ E&M 직무가 보인다는 겁니다. 만일 평소 자신이 SNS 활동을 누구보다 전략적으로 해왔다면 바로 이 포인트를 잘 활용해야겠다고 생각하라는 것입니다.

영화: 영상 콘텐츠의 중심이 되다

영화산업은 2000년대 중반 이후 대기업 및 소기업 위주로 통합, 재편되면서 영화산업 내 플레이어 간의 역학구도가 변화되었다. 또한 미디어와 플랫폼 간의 컨버전스로 '매체 융합 시대'가 본격화되었고, 위성DMB, 디지털 위성방송, IPTV 등 부가시장 매체를 비롯하여 최근에는 모바일 기기 등이 지속적으로 확대되고 있어 영상 콘텐츠 확보 경쟁이 심화되고 있다. 2011년 이후부터는 전체 관객 수의 대폭적인 증가와 한국 영화 수익률의 상승, 투명한 제작관리 및 정산 등으로 투자자들의 관심이 증가하고 있다.

a. 계절적 특성

영화산업은 대표적인 흥행산업으로 양질의 콘텐츠가 공급된다면 영화시장은 안정적 성장이 가능하다. 또한 흥행 콘텐츠가 지속적으로 공급된다면 비교적 계절성 및 경기변동에 따른 영향을 적게 받는다. 특별한 복장과 장소에 구애받지 않아 본인이 원하면 언제든지 가까운 극장에 가서 즐길 수 있고 8,000~20,000원 수준의 저렴한 가격으로 콘텐츠를 소비할 수 있기 때문이다. 따라서 기본적인 아웃도어 여가 생활로 꾸준히 선호되고 있으며, 특히 경기가 불황일 때는 시간 및 가격 대비 만족도가 상대적으로 더 크다.

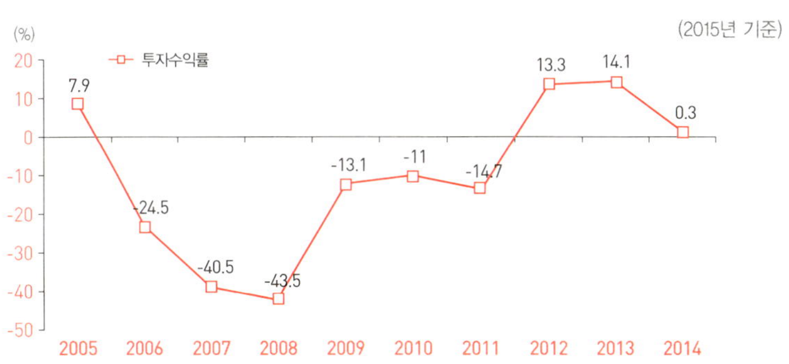

(2015년 기준)

배급사	멀티플렉스	2014년 극장점유율(%) (스크린 기준)	
CJ E&M	**CGV, 프리머스**	**41.56**	
미디어플렉스	메가박스	19.82	2007년 매각 2011년 씨너스와 합병 현재 최대주주 : KMIC, 제이콘텐트리
롯데엔터테인먼트	롯데시네마	30.60	
기타		8.02	

자료: 영진위

b. 진입장벽

영화배급사업의 경우 국내 총 1,700여 개의 회사가 배급사업자로 등록(2014년 기준)되어 있는 등 특별한 진입장벽이 없다. 그러나 국내 배급시장은 3대 회사(CJ E&M, 롯데엔터테인먼트, 쇼박스)가 전체 시장의 90%를 점유하고 있어 실질적 과점시장 형태다. 이들은 대형 멀티플렉스 체인과도 연계되어 있어 시장 지배력이 견고하다.

관련 자료 찾아보기 ❺
영화진흥위원회, '뉴스&리포트'

영진위 홈페이지인 'KOBIZ(www.kobiz.or.kr)'에서 '뉴스&리포트' 메뉴의 주요 자료들을 활용해보기 바랍니다. '통신원 리포트'나 관련 보고서들을 보면 국내외 영화산업의 주요 현안이나 이슈들이 잘 정리되어 있습니다.

음악 및 공연: 한국 음악산업의 큰 줄기

　CJ E&M은 음원 유통, 디지털 음악사업, 음반 제작과 국내외 콘서트 사업을 영위하고 있다. 또한 제작하는 드라마, 영화 등의 콘텐츠에 음악 작업을 직접 하고 있으며 〈슈퍼스타K〉, 〈보이스 오브 코리아〉, 〈쇼 미더머니〉 등 동사에서 제작한 오디션 및 음악 프로그램을 통해 신인 가수를 발굴, 육성하는 매니지먼트사업도 겸하고 있다

CJ E&M에 속한 주요 가수들 – 로이킴, SG워너비, 서인영, 정준영, 다비치 등 다수

구분	데뷔	특이사항
로이킴	2013년 싱글 앨범 [봄봄봄]	〈슈퍼스타K5〉 우승
정준영	〈슈퍼스타K5〉로 데뷔	정준영 밴드
SG워너비	2004년 1집 앨범 [SG Wanna Be+]	이석훈(보컬), 김진호(리드 보컬), 김용준(리더, 보컬)
다비치	2008년 1집 앨범 [Amaranth]	이해리(리더), 강민경
박보람	2015년 '연애할래' 발표	〈슈퍼스타K〉 출신
홍대광	2015년 '나란히 둘이서' 발표	〈슈퍼스타K〉 출신

자료: CJ E&M

03

떠오르는 수익 모델,
1인 미디어

1인 미디어 시대의 도래

1인 미디어란, 스포츠게임·뷰티·음악 등 다양한 분야의 동영상 콘텐츠를 인터넷에 직접 제작해 올리는 1인 콘텐츠 창작을 일컫는다. 예를 들어 유튜브 내 97만 명의 구독자를 확보한 '대도서관'이라는 BJ(Broadcasting Jockey)의 경우 유튜브를 통한 월수입이 2,000~3,000만 원에 이른다고 알려져 있다.

CJ E&M은 1인 콘텐츠 창작자들을 기반으로 한 사업(MCN, Multi-Channel Network)에 본격적으로 진출하여 2015년 5월 새로운 사업 모델 발굴, 플랫폼 확대, 글로벌 진출 등을 주요 내용으로 하는 '다이아DIA TV' 론칭을 발표하였다.

참고로 MCN이란, 연예기획사가 연예인들을 키워내듯이 역량 있는

다이아TV 론칭 – 1인 콘텐츠 창작자들을 기반으로 한 MCN사업 확대

자료: CJ E&M

개인 창작자들에게 스튜디오를 비롯한 방송장비나 교육, 저작권 관리, 마케팅 등을 지원해주고 유튜브 등 동영상 서비스 업체로부터 얻는 광고수익을 나누는 신종 콘텐츠사업을 뜻한다. 콘텐츠 기획 역량은 높지만 체계적인 제작 및 유통에 미숙한 개인 제작자들이 수월하게 창작 활동을 할 수 있도록 돕는 역할이다.

최근에는 유튜브뿐 아니라 다른 미디어플랫폼에서 1인 제작자들과 함께하는 사업이나 타 업체와 제휴해 광고성 콘텐츠를 제작하는 사업도 폭넓게 일컫는다. 해외에서는 이미 월트디즈니, 드림웍스, 타임워너, RTL 그룹, 컴캐스트 같은 대형 미디어 기업이 관련 회사를 인수하거나 투자에 나설 정도로 사업성을 인정받고 있다. MCN을 전문으로 하는 기업인 어썸니스 TV(Awesomeness TV)는 2013년 1억 5,000만 달

하나의 산업으로 성장한 MCN

해외 MCN 투자유치 및 인수 현황		
기업명	투자 유치 금액 (만 달러)	인수 여부
스카이홀	1,690	
메이커스튜디오	6,600	디즈니 인수
머시니아	6,760	
베이스79	1,430	
채널플립		샤인 그룹 인수
어썸니스TV	350	드림웍스 인수
엘로이 디지털	3,000	
리비전3	900	디스커버리 커뮤니케이션 인수

주요 해외 MCN 현황			
기업명	보유채널 (개)	구독자 (만 명)	누적 조회수(억)
어썸니스TV	73,342	2,070	12
베보	23,968	20,061	1,301
풀스크린	8,070	20,065	439
머시니아	2,900	23,980	421
스타일홀	1,500	7,680	81
미디어트래프트	250	890	12
빅프레임	200	2,000	32
채널플립	189	1,930	22
IGN	152	2,750	72
리비전3	63	950	31

자료: 전자신문

1인 미디어 미셸 판 – 베트남계 유튜브 스타로 메이크업 아티스트이자 뷰티 유튜버

자료: 언론 매체

러에 드림웍스애니메이션에 인수됐고, 2014년 3월에는 또 다른 MCN 업체인 메이커 스튜디오_{Maker Studio}가 월트디즈니에 의해 1조 원에 인수된 바 있다.

급격한 디지털화에 따른 지형 변화

2014년 국내 음악 관련 매출액은 4조 6,000억 원으로 전년대비 13% 증가하였다. 모바일 콘텐츠 중에서 특히 음악시장은 디지털 및 모바일화가 급격히 이루어지고 있다. 1990년대 음악시장을 주도했던 LP, 카세트테이프, CD 등 전통적 방식의 음악시장이 거의 위축되었는데도, 아직까지 디지털 음원시장이 그 빈자리를 완전히 메우지 못한 상황이기 때문이다.

한편, 글로벌 음악시장의 주요한 트렌드는 '스트리밍_{Streaming}'과 '큐레이션_{Curation}'으로, 음성이나 영상 등을 다운로드 없이 재생하여 듣는 서비스다. 스마트폰 대중화와 무제한 데이터 요금제의 확대에 따라 지속적으로 성장하고 있다. 큐레이션은 사용자들의 취향 등을 고려하여 음악을 선별적으로 틀어주는 서비스로, 애플이 인수한 비츠_{Beats}가 대표적인 케이스다. 판도라는 전 세계적으로 7,000만 명 이상의 가입자를 보유하고 있는 라디오 스트리밍 서비스이며, 스포티파이_{Spotify}는 사용자 데이터에 근거하여 뮤지션 혹은 음악을 추천하는 플레이리스트 서비스를 제공한다.

글로벌 음악시장 – 전통적 음반시장에서 디지털 음원으로 이동

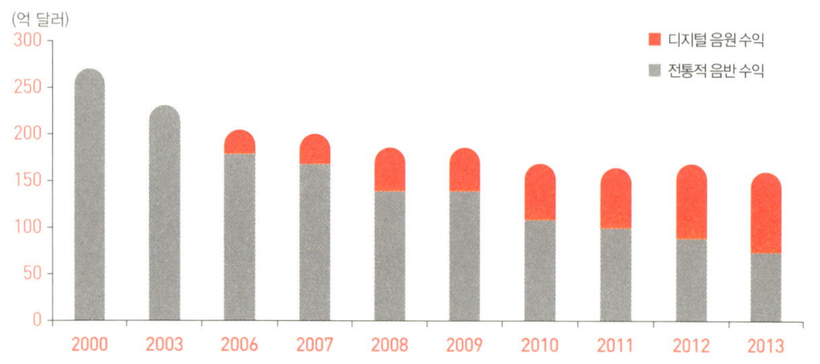

자료: 메리츠종금증권

비츠 – 애플이 인수한 큐레이션 서비스 업체

자료: 언론 매체

산업 트렌드에 대한 이해를 활용하여 지원동기를 작성해봅시다.

산업 트렌드에 대한 이해는 입사 준비에 있어 가장 중요한 포인트입니다. 특히 지원동기를 어떻게 작성해야 할지 고민하는 취준생이 많은데, 산업 트렌드에 대한 이해도가 낮을수록 그럴 개연성이 높습니다. 평소 미디어 분야에 관심이 높았다 하더라도 구체적인 탐색 과정이 없으면 지원동기를 흥미롭게 작성하기가 매우 어렵습니다. 위 내용 중에서 1인 미디어의 확산이라는 트렌드가 제시되어 있는데, 이 주제를 제대로 분석하고 공부해서 자신의 재능이나 대내외 경험 등과 연결한다면 입사 전략 수립에 매우 유용할 겁니다.

04

문화 콘텐츠 수요와
공급의 특성

콘텐츠 중심으로 이동하는 산업

문화 콘텐츠 이용자의 콘텐츠 소비 특징은 크게 C세대와 소비 양극화 시대, 다채널·다매체 시대 등 3가지로 구분된다. 첫째, 문화 콘텐츠산업의 신 소비자들은 '소비자가 콘텐츠를 창조한다(Consumer Creating Contents)'라는 의미를 가진 'C세대(Content Generation)'로 정의된다. 콘텐츠 소비자들은 스마트폰 등 24시간 인터넷에 접속 가능한 모바일 시대가 도래하면서 문화 콘텐츠에 접근하기가 더욱 용이해졌으며, 더 나아가 직접 콘텐츠를 생산하고 다른 소비자들과 공유하는 시대가 되었다. 우리는 직접 스마트 기기를 이용해 사진, 음악, 동영상 같은 콘텐츠를 생산하고 저장·업로드·공유한다.

둘째, '동조'와 '차별화'로 특징지을 수 있는 소비 양극화 현상이다.

스마트 기기를 통해 다양한 콘텐츠를 소비하며 새로운 문화의 구전 및 전파 속도가 폭발적으로 빨라졌다. 또한 최근 사용자들은 미디어를 통해 일상적으로 지식 및 문화에 접근하고 공유하며 보편적인 콘텐츠를 소비하길 원하면서 남들과는 차별화된 콘텐츠를 생산하거나 구매하는 데도 적극적으로 나서고 있다.

셋째, 방송 및 영화 콘텐츠는 다양한 상품으로 재가공될 수 있어 새로운 부가가치가 창출되는 대표적인 'One-Source, Multi-Use' 상품이다. 게다가 IPTV, 태블릿PC, 스마트폰, 스마트TV등 새로운 매체의 등장에 따라 다채널·다매체 시대가 가속화되고 있다. 따라서 과거 플랫폼 중심의 산업은 콘텐츠 중심으로 헤게모니가 이동하고 있다.

예를 들어, 영화는 투자와 제작 단계를 거쳐 배급과 상영의 유통 단계를 통한 콘텐츠의 반복 판매 및 소비의 과정으로 이어진다. 초기 제작 및 투자 비용은 크지만, 유통 단계를 거치는 동안 추가 비용이 거의 없이 다음 유통 단계에서 부가가치가 증대된다. 영화가 경험을 통해 소비가 이루어지는 경험재적인 특성을 가지고 있어 소비자가 그 경험을 가지고 있는 한 반영구적인 반복 판매 및 소비가 일어난다.

방송과 영화의 진입장벽

a. 방송

CJ E&M은 CJ미디어, 온미디어, 엠넷미디어와의 합병으로 지상파 방송 3사와 경쟁하는 거대 MPP로서 시장 지배력 및 경쟁력은 지속적으로 강화되고 있다. 그 이유는 자체 콘텐츠의 OSMU가 상대적으로 용이하고 다양한 채널을 보유함에 따라 서로 협력하게 되며, 글로벌 네트워크 확보로 시너지 창출이 용이하기 때문이다.

방송사업은 사업 진출 시 방송통신위원회 및 미래창조과학부로부터 해당 방송사업의 종류에 따라 허가·승인·등록을 득해야 한다. 특히 종합 유선방송사업의 경우 5년마다 재허가를 받도록 함으로써 시장 진입 및 유지에 관한 규제를 받고 있으며, 방송채널사용사업은 등록제로서 진입이 용이한 편이다.

b. 영화

방송사업에 비해 특별한 진입장벽이 없는 영화배급사업은 국내 총 1,700여 개의 회사가 배급사업자로 등록되어 있을 정도로 등록만으로 설립이 가능하다. 배급사 중에는 단 한 편의 영화만 배급한 후 운영을 하지 않는 회사들도 다수 있다.

투자배급사로서의 경쟁력을 가지기 위해서는 외부 투자자로부터 프로젝트 투자금을 쉽게 조달할 수 있어야 한다. 또한 흥행할 만한 영화를 선별해내는 능력, 제작비를 효율적으로 사용하는 능력, 대중의 흥미를 끌어낼 수 있는 마케팅 능력, 가능한 한 많은 극장에 배급할 수 있는 능력과 부가판권 매출을 확보할 수 있는 협상력까지 다양한 능력이 담보되어야 한다. CJ E&M은 영화배급시장에서 독보적인 위치를 차지하고 있다. 매해 30편 이상의 영화를 배급하며 매출 및 관객 수 기준 국내 시장점유율 20% 중반대를 차지하는 1위 사업자이다.

국내 주요 투자배급사별 투자배급 영화 및 동원 관객 수

(단위: 편, 만 명)

구분		2011	2012	2013	2014
㈜넥스트 엔터테인먼트월드	영화 수	20.5	16.5	21	16
	관객 수	1,426	2,330	3,900	1,600
	편당 관객 수	70	141	186	100
CJ E&M	**영화 수**	**44**	**43**	**42**	**31**
	관객 수	**5,786**	**5,246**	**4,539**	**5,315**
	편당 관객 수	**131**	**122**	**108**	**171**
롯데쇼핑㈜	영화 수	29.5	44	36.5	30.5
	관객 수	2,447	2,388	3,157	2,590
	편당 관객 수	83	54	86	85
㈜미디어플렉스	영화 수	14.5	11	13	9.5
	관객 수	1,325	2,474	2,917	1,607
	편당 관객 수	91	225	224	169

자료: 영진위

멘토의 Tip ⑥　수요와 공급상의 특징 파악하기

수요와 공급상의 특징을 자신의 콘텐츠 영역으로 편입시켜 봅시다.

　수요와 공급 측면의 특징을 파악하는 일은 기업의 매출과 수익성에 큰 영향을 미치기 때문에 중요합니다. 그러므로 경영자가 소비자들의 기호 변화나 시장의 진화 같은 요인들을 매우 중요하게 체크하는 것은 당연합니다. 따라서 본문에 제시되어 있는 수요와 공급상의 포인트 중에서 한두 개(OSMU)만이라도 자신의 콘텐츠 영역으로 편입시킬 수 있다면 면접관의 관심과 공감을 이끌어내는 데 큰 도움이 됩니다.

05

영향력과 안정권 확보를
위한 경쟁

방송: 점점 심화되는 채널 점유율 전쟁

방송시장의 경쟁 강도는 심화되고 있다. 지상파의 영향력은 점진적

시청률 점유율 추이 – 지상파 영향력 약화 vs 종편 점유율 확대

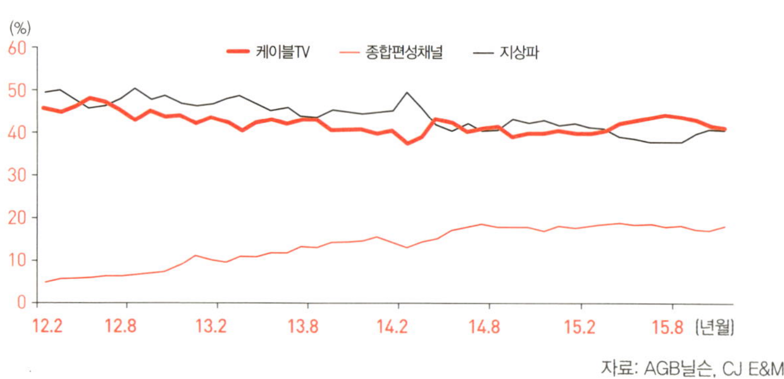

자료: AGB닐슨, CJ E&M

으로 약화되는 반면, 종합편성 채널의 시장점유율은 확대되고 있는 추세다. 이는 케이블TV 및 위성방송의 성장, DMB 서비스 개시, IPTV 활성화, 종합편성채널 허용 및 모바일 시청 환경으로 진화 및 국내 경제의 저성장 체제 전환 등에 기인한다. 신규 매체의 성장으로 양질의 콘텐츠를 보유한 JTBC를 비롯한 CJ E&M의 플랫폼 영향력은 지속적으로 강화될 전망이다.

영화: 독보적인 행보를 이어가는 CJ

전반적으로 2015년에는 CJ의 독보적인 행보가 두드러졌다. 2015년 11월 누적 기준 관객점유율은 22.1%로 배급사 전체 1위를 기록하였다. 관객 수로 영화 「베테랑」 1,341만, 「국제시장」 891만, 「검은사제들」

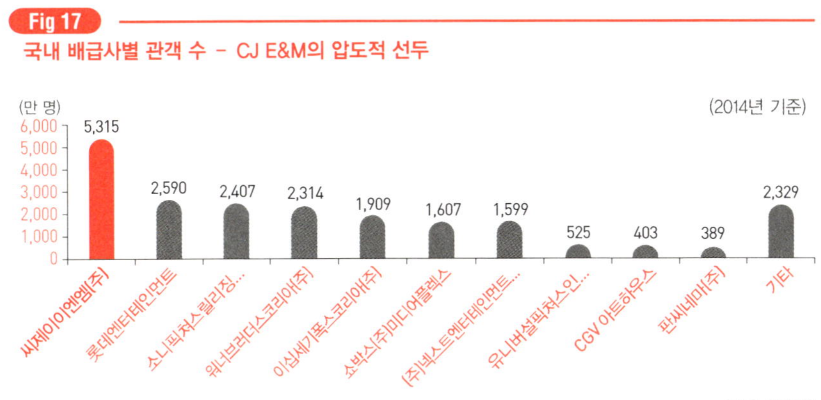

Fig 17
국내 배급사별 관객 수 - CJ E&M의 압도적 선두

493만 명을 기록하며 시장 우위를 점하였다. 한편 쇼박스는「암살」
1,270만,「사도」625만,「내부자들」375만 명으로 배급사 점유율 2위를
기록하며 선전하였다. 참고로 2011년 이후 소니를 제외하곤 상위 Top
5 배급사에 국내 회사가 주를 이루었으나, 2015년에는 월트디즈니, 이
십세기폭스코리아, 유니버셜픽쳐스 등도 좋은 성과를 거둔 해였다.

음악: 음원은 지금 치열한 가격 경쟁 중

2014년 국내 음원시장은 삼성전자의 라디오 스트리밍 서비스 '밀크'
출시로 음원시장의 성장성과 경쟁 리스크가 재부각되었던 경험이 있
다. 밀크뮤직은 갤럭시S 유저면 무료로 즐길 수 있는 서비스였다.

국내 음악시장의 구조적 성장은 음원 수익자의 권리 향상과 그에 따
른 음원 가격 인상, 유료 음원에 대한 인식 보편화와 다운로드에서 스
트리밍 형태로 이동하는 데 기인한다.

국내 음원시장의 주요 플레이어들은 멜론, 지니 엠넷, 벅스, 소리바
다, 카카오뮤직, 밀크뮤직 등으로 이들 중 멜론, 지니, 엠넷은 통신사
와 연계된 프로모션 및 서비스를 진행하고 있다. 2015년 멜론, 지니,
엠넷 등은 통신사에 신규 가입 시 부과되는 스트리밍 서비스 이용료
를 월 0~500원까지 책정하는 등 과도한 가격 경쟁을 펼친 바 있을 정
도로 상황은 치열한 편이다.

국내 주요 음악 서비스 비교 – 과도한 가격 경쟁으로 경쟁 심화돼

(2014년 기준, 단위: 원)

플랫폼	계열사	제휴사	상품 구분	프로모션 상품	정상가	프로모션가격
멜론	로엔	SKT	기타	무제한 듣기 + 무제한 다운, 프리클럽 첫 달 500원, 2~3달째 3,900원(올해 1월 종료)	4,900	3,430 500
			스트리밍	모바일, PC 무제한 듣기 모바일 무제한 듣기	6,000 5,000	4,200 3,500
			다운로드+스트리밍	모든 다운로드 상품 LTE 기본 요금제 이용자 모바일 무제한 듣기+ 스트리밍 데이터 무제한 LTE 무한 85/100 요금제 가입자 모바일 무제한 듣기 + 스트리밍 데이터 무제한 그외 모든 무제한 듣기 + 무제한 다운		7,000 무료
지니	KT뮤직	KT	기타	스트리밍, 스마트폰 무제한 다운로드 +APP 무제한, 음악감상	6,000	무료
			스트리밍	스트리밍 APP 무제한 음악감상	6,000 5,000	3,000 2,500
			다운로드	월 30곡 다운로드 월 100곡 다운로드	6,000 9,000	3,000 4,500
			다운로드+스트리밍	월 30곡 다운로드 + 음악감상 월 100곡 다운로드 + 음악감상	9,000 12,000	4,500 6,000
엠넷	CJ E&M	LG U+	기타	연간 이용권 구매시 블루투스 스피커 or 헤드셋 제공 정기 이용권(다운로드 상품 및 일부 제외) 구매시 티빙 이용권 지급		
			스트리밍	LG U+ LTE8 무한대 89.9 / LTE8 무한대 85 요금제 이용자 대상 무제한 음악감상	5,000	무료
벅스	NHN엔터 /벅스		스트리밍	모바일, PC 무제한 듣기	5,900	3,900
			다운로드	월 30곡 다운로드 월 100곡 다운로드 월 150곡 다운로드	5,900 9,900 12,900	3,900 5,900 8,900
			다운로드+스트리밍	월 100곡 다운로드 + 음악감상	12,900	5,900
소리바다			스트리밍	음악감상 200회 무제한 음악감상	2,000 6,000	1,800 3,000
			다운로드	월 30곡 다운로드 월 100곡 다운로드	6,000 10,000	2,900 3,900
			다운로드+음악감상	월 30곡 다운로드 + 음악감상 월 100곡 다운로드 + 음악감상	9,000 13,000	3,500 4,500
네이버뮤직	Naver	Naver		4개월 61% + 3개월 마일리지로 30% 할인	4,900	4,900
카카오뮤직	다음카카오	네오위즈인터넷		무제한 듣기	5,000	3,900
밀크뮤직	소리바다	삼성전자	기타	삼성전자가 밀크에 등록한 음원 듣기	무료	
			스트리밍	밀크 프리미엄 무제한 스트리밍	5,000	
비트	비트패킹 컴퍼니		기타	어플 내 라디오 통해 듣기	무료	
			스트리밍	원하는 곳 찾아 듣기(스트리밍 듣기): 1곡당 1하트	3,300원/ 250하트	
			다운로드	30곡 다운로드	6,600	

자료: 각 사

경쟁사와 어떤 대결구도를 펼치고 있는지 살펴보고 전략을 구상해봅시다.

방송, 영화, 음악 분야 모두 최근 몇 년간 시장구도가 급변할 정도로 경쟁이 치열한 시장입니다. 이런 시장구도를 분석할 때는 경쟁사를 찾아보고 그들이 가격 경쟁을 추구하는지 아니면 혁신을 추구하는지와 같은 관점으로 비교분석해보는 노력이 필요합니다. 경쟁사와의 가격 경쟁이 불가피하다면 자신이 지원한 회사는 어떤 경쟁 전략이 필요한지, 그리고 입사해서 어떤 부분을 혁신할 수 있는지의 관점에서 탐색해본다면 차별화된 나를 만들 수 있습니다.

> **관련 자료 찾아보기 ❻**
> **검색 키워드, '음악 서비스'**

음악 서비스 분야에 대해 보다 구체적인 이해도를 갖출 필요가 있습니다. 지원자의 연령대를 감안하면 면접에서 개인적인 경험이나 시장에 대한 시각을 검증할 개연성이 높기 때문입니다. 음악 서비스는 국내뿐만 아니라 선진국에서도 매우 활성화되어 있으므로 미국과 유럽 시장의 음악 서비스 관련 분석자료를 찾아보기 바랍니다. 포인트는 음악 서비스를 둘러싸고 어떤 참여자들이 어떤 형태로 협업이나 공생구조를 가졌는지, 그리고 음악 서비스가 어떤 구조로 진화하고 있는지 등을 잘 파악하는 것입니다.

무한 성장 가능성을
지닌 문화 콘텐츠산업

방송: 해외 투자, 다양한 매체에 대응할 때

방송산업은 광고가 주요 수익원이기 때문에 경기 상황이나 스포츠 및 정치 이벤트에 영향을 많이 받는다. 중장기적인 성장을 위해서는 VOD, 모바일 서비스 등 다매체·다플랫폼에 적절히 대응하는 전략이 필요하다. 2014년 11월 타결된 한중 FTA 영향으로 중국 자본의 직접 투자가 경쟁력 있는 드라마 및 영화를 보유한 국내 제작사에 본격화될 것으로 전망된다. 또한 텔레비전 등 TV수상기를 통한 고정형 시청에서 IPTV, 스마트 기기를 통한 실시간 시청 등 다양한 매체가 활용되는 능동적 소비형태가 확산될 전망이다.

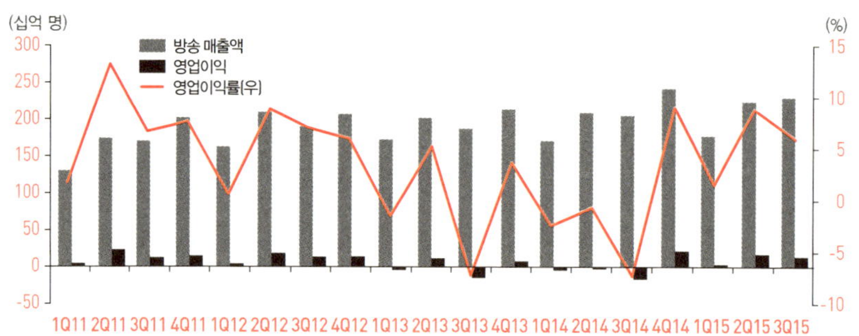

영화: 안정적인 성장으로 활발해지는 중국 교류

2015년 국내 영화산업 매출액과 수출액은 모두 전년대비 증가세를 보였다. 매출액은 8.5% 증가한 5조 4,000억 원, 수출액은 13% 증가한 4,000만 달러 수준이다. 2016년에도 한국 영화시장은 메이저 배급사의 투자수익 증가, 신규 중소 배급사의 시장 진입, 중국을 비롯한 신규 금융자본 유입 등으로 호조세가 기대된다.

한국 영화 수출액은 2010년 이후 꾸준히 증가하고 있으며 주요 수출국은 일본, 미국, 홍콩, 중국, 유럽 등이다. 참고로 2005년은 「왕의 남자」, 「웰컴투동막골」, 「친절한 금자씨」, 「너는 내 운명」, 「박수칠 때 떠나라」, 「달콤한 인생」 등 한국 영화의 황금기였고 「올드보이」, 「살인의 추억」 등이 해외 수출의 주역이었던 시기다. 그러나 2006년부터 수출

편수가 급락하였는데, 이는 스크린쿼터제 축소로 인한 한국 영화산업 분위기 냉각 때문으로 영화배우 최민식은 5년 동안 영화출연을 보이콧하기도 하였다.

한국 영화 매출 구조 – 매체가 다양해진 만큼 다변화 필요

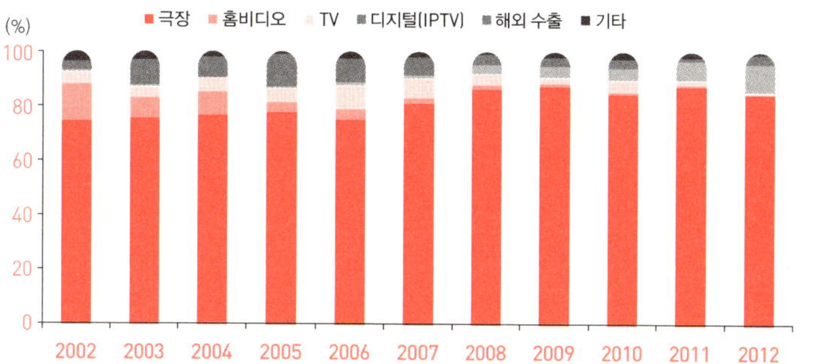

자료: 영진위

한국 영화 수출액 – 2010년 이후 꾸준히 증가 추세

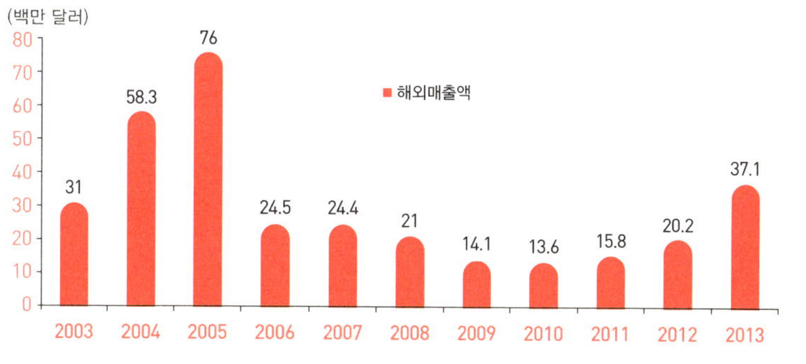

자료: 영진위

향후 한국 영화산업은 안정적으로 성장하며 중국과의 교류가 활발해지면서 국내 투자사 지분 매입, 공동제작 등 중국 자본 유입이 증가할 전망이다. 그러나 전체 시장 대비 공급과잉의 우려가 있어 디지털 시장, 해외 수출 확대 등으로 극장 매출 의존도를 낮추는 산업구조 형성이 필요하다.

향후 CJ E&M을 먹여 살릴 수 있는 아이템이 무엇인지 생각해 봅시다.

향후 CJ E&M의 독점력을 높여나갈 수 있는 분야에 대한 산업을 전망해보기 바랍니다. 현 시점에서만 바라봐서는 자신의 비전을 피력하기 어렵기 때문입니다. 현재 1위를 하는 분야도 중요하지만 앞으로 CJ E&M을 먹여 살릴 수 있는 아이템이 무엇인지를 탐색해봐야 자신의 미래 포부도 제대로 전달할 수 있습니다.

02

시장:
아시아 대표
콘텐츠 기업으로
성장

방송산업의 미래는 양질의 콘텐츠와 새로운 플랫폼을 통한 해외 시장 진출 여부에 달려 있습니다. 이미 글로벌 사업 확대를 진행 중인 CJ E&M은 대박 행진을 이어가는 콘텐츠를 줄줄이 생산하고 있으며 콘텐츠의 해외 수출 역시 활발하게 이루어지고 있습니다. 앞으로 시장을 더욱 활성화하기 위해 어떤 역할을 해야 할지 국내외 시장 상황과 전망을 알아봅시다.

01

양질의 콘텐츠로
글로벌 시장 지배

지속적으로 발전하는 한류

2014년 한류의 생산유발효과는 12조 5,598억 원으로 전년대비 4.3% 증가한 것으로 집계되었다(KOTRA 제공). 드라마, 영화, 음악 등 한류 문화 콘텐츠는 이를 통해 노출되는 음식, 패션·뷰티, 생활용품, 가전제품 등 국내 소비재 수출에도 큰 영향을 미치고 있다. 문화산업의 선진화는 한류 콘텐츠의 보편성 강화, 차별화된 경쟁력 구축, 글로벌 스탠더드 도입 등을 통해 지속발전이 가능할 전망이다.

방송: 콘텐츠 글로벌화에 적극적

방송산업의 미래는 누가 양질의 콘텐츠를 많이 확보하고, 뉴미디어(IPTV, VOD, 모바일)와 뉴플랫폼^{MCN}에 적절히 대응하고 해외 시장에 적극적으로 진출하느냐에 따라 승자가 결정될 전망이다. 그 이유는 방송의 주요 수익모델은 광고인데, 광고시장은 GDP 성장률만큼이나 저조한 저성장 국면으로, 방송 채널이 다양화되면서 경쟁까지 심화되고 있기 때문이다.

CJ E&M은 신규 성장동력 확보를 위해 디지털과 글로벌 사업 확대에 나서고 있다. 콘텐츠 소비 니즈가 온라인과 모바일 플랫폼으로 이동하고 있어 그에 대응하기 위해 네이버와 다음에 콘텐츠를 공급하고 있으며 최근 카카오TV로까지 확대하였다. 이런 PIP(Platform in Platform) 모델에서는 광고를 직접 선별할 수 있고 직접 광고를 수주하면서 주도적인 사업자가 될 수 있다는 점이 매력적이다. 글로벌 비즈니스의 경우 중국, 베트남 등 아시아권 중심으로 콘텐츠를 제작할 수 있는 기반을 다지고 있다. 2014년 12월 베트남 국영VTV와 공동제작한 드라마 〈오늘도 청춘〉을 방송하여 동 시간대 시청률 1위를 기록하였다. 2015년 7월에는 글로벌 채널인 채널M을 통해 동남아 10개국에서도 방송된 바 있다.

영화: 지속성장이 가능한 세 가지 이유

한국의 영화산업은 북미나 유럽처럼 성숙기에 진입하였다. 다만 향

국가별 박스오피스 vs 2차 판권시장 매출 비율

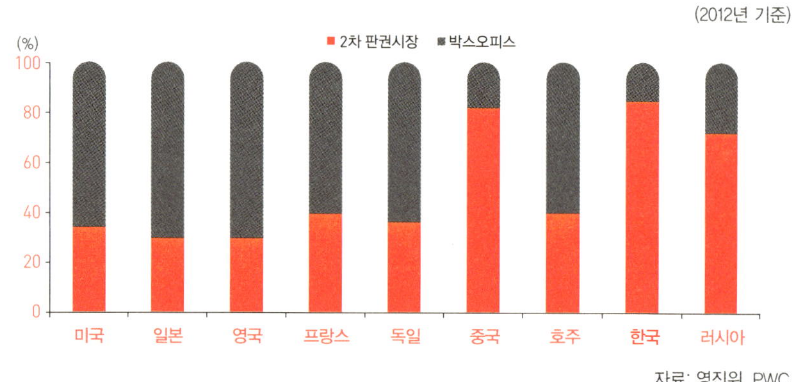

후에도 지속성장이 가능하다고 보는 이유는 한국 영화의 콘텐츠의 질적 향상, 2차 판권시장의 성장, 중국을 비롯한 해외 시장 진출 등에 기인한다.

첫째, 한국 영화 콘텐츠의 질적 향상은 2000년대 중반 이후 다양성이 높아진 저예산 영화의 제작 및 개봉이 증가하면서 펀더멘털(연출, 시나리오, 배우)이 매우 좋아졌다는 것이다. 대형 흥행작의 경우 대규모 투자비에 근거한 블록버스터의 흥행성과가 중요하지만, 전반적으로 영화 제작산업의 펀더멘털이 좋아졌다고 판단된다.

둘째, 2차 판권시장은 IPTV와 스마트 기기의 활성화로 디지털 유료 VOD 시장이 성장하고 있는 점이다. 한국 영화의 전반적인 투자수익률 개선에 기여하였다.

셋째, 2018년 중국 영화시장은 세계 1위의 규모로 등극할 전망이다.

2018년 중국 박스오피스 시장은 120억 달러(2013년 35억 달러 대비 243% 성장), 연간 관람객 수는 20억 명(2013년 6억 1,000명 대비 228% 증가), 1인당 영화 관람 횟수는 1.47회(2013년 0.45회)로 성장할 전망이다.

시장의 미래성장 전망 활용하기

애널리스트가 짚어준 시장의 미래성장 전망을 잘 활용합시다.
애널리스트가 짚어주는 시장의 미래성장 전망 부분은 자소서에 활용할 여지가 많습니다. 기본적으로 회사가 인재를 선발한다는 것은 미래성장에 보탬이 될 사람을 확보하겠다는 의미이며, 그러기 위해서는 회사의 성장 전략과 연관성이 높은 사람을 우대할 것이기 때문입니다. 취업 경쟁력을 높이기 위해서는 이런 구조적인 측면을 잘 이해하고 있어야 합니다. 자신의 장점이 특정 분야에서 아무리 뛰어나다고 하더라도 회사가 필요로 하는 곳이 아니면 관심을 얻기 어렵습니다. 기업분석을 하는 것도 바로 이런 측면에 대한 이해를 높이기 위한 것입니다.

02

영향력을 키워가는 방송,
경쟁우위를 확보한 영화

방송: 커지는 케이블, 약해지는 지상파 콘텐츠

국내 방송시장의 주요 참여자는 기존 지상파 위주에서 케이블TV, IPTV, 종합편성채널 등으로 증가하고 있다. 지상파 방송 콘텐츠의 경쟁력은 CJ E&M, JTBC 등에 의해 약화될 전망이다. 방송광고시장 점유율은 프로그램 시청률과 상관관계가 있으며 주로 프로그램 시청률에 후행하여 광고시장 점유율이 변화된다.

영화: 주요 배급사 3사의 시장 지배

국내 영화배급사업의 경우 2008년 이후 3대 배급사가 존재한다. CJ

그룹 계열의 CJ E&M, 오리온그룹 계열의 미디어플렉스, 롯데그룹 계열의 롯데쇼핑이 국내 영화계에서 안정적인 위치를 차지하고 있다. 또한 3사 모두 대형 멀티플렉스 체인과 연계되어 있어 안정적인 시장 지위를 확보하고 있다.

2위 사업자(스크린 기준 시장점유율 30%)인 롯데엔터테인먼트는 롯데쇼핑(유통) 내 시네마 사업부로 2014년 말 기준 국내 103개의 영화관 운영에 기반, 영화배급시장에서 안정적인 시장 지위를 누리고 있다. 그러나 롯데쇼핑의 주요 사업은 백화점, 할인점 등의 유통 비즈니스로 시네마는 고객에게 제공하는 부가서비스의 하나로 여기고 있어 사업의 우선순위에서는 밀린다고 판단된다.

국내 영화배급 순위 3위인 쇼박스는 2014년 스크린 기준 점유율 19.82%로 CJ E&M 대비 2분의 1 수준에 해당된다. 쇼박스의 경우 영화

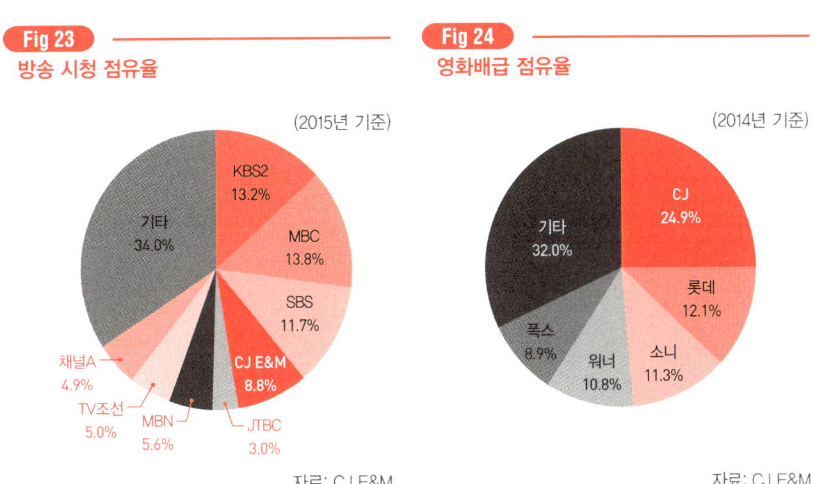

심사 시 작품의 상업적 흥행과 이에 따른 수익성을 최우선 조건으로
삼고 있다. 1위 사업자 수준에 비해 인원과 자원이 한정적이기 때문에
매년 많은 영화 라인업을 가져가기보다는 소수의 작품에 집중해서 효
율적으로 운영하는 데 초점을 두고 있다.

03

트렌드 분석으로
만들어낸 히트 상품

히트 상품의 탄생 – ⟨꽃보다 할배⟩

⟨꽃보다 할배⟩는 tvN의 대표 예능 프로그램으로 스타PD 나영석이 연출하고 이순재, 신구, 박근형, 백일섭, 이서진 등 한국의 대표 중장년 남자배우들이 '황혼의 배낭여행'을 떠나는 내용이다. 함께 배낭여행을 하면서 펼쳐지는 다양한 에피소드와 휴먼 스토리를 테마로 하고 있다. 시즌제로 방송되고 있으며 2013년 프랑스 편이 첫 방송된 이후 2015년 그리스 편까지 총 4편의 시리즈가 방영된 바 있다.

tvN의 대표 히트 상품 〈꽃보다 할배〉 시리즈 − 여행산업에 영향을 끼칠 정도로 크게 히트해

자료: tvN 홈페이지

〈꽃보다 할배〉의 경제적 파급효과

tvN의 〈꽃보다 할배〉 시리즈는 상당한 경제적 파급효과를 창출하였다. 첫째, 여행산업 전반적으로 자유여행 및 가족여행에 대한 긍정적인 이미지를 만들어냈으며, 여행업계에서는 〈꽃보다 할배〉의 다음 목적지가 어디인지가 주요 화두가 될 정도로 상당한 영향을 미친 것으로 판단된다. 그 예로 2014년 〈꽃보다 할배 - 스페인 편〉 방영 후에 한국 관광객의 스페인 방문은 급격히 증가했고, 스페인 지역 내 '꽃할배' 스팟까지 만들어낼 정도로 인기 여행지로 부상하였다. 또한 〈꽃보다 할배〉의 대만 편이 방송된 이후 대만 여행상품은 비행기 좌석이 없어서 못 팔 정도로 큰 인기를 누렸다.

〈꽃보다 할배〉의 한 장면 – 짐꾼으로 여행에 동행한 최지우의 의상은 완판되는 등 큰 인기 누려

자료: tvN 홈페이지

또한 해외 예능 포맷 수출에 선구작으로서의 역할을 하였다. '꽃보다 시리즈'는 중국, 미국, 유럽까지 총 10개국에 프로그램 포맷을 수출하였다. 2014년 〈꽃보다 할배〉는 중국 동방TV를 통해 '화양예예'란 이름으로 제작·방송된 바 있으며, 2015년 〈꽃보다 누나〉 역시 '화양저저'란 이름으로 방영되었다.

마지막으로 PPL을 통한 부가적인 광고수익도 창출했다. 2015년 방영한 〈꽃보다 할배 - 그리스 편〉의 경우 짐꾼으로 출연했던 최지우의 의상인 야상점퍼, 선글라스, 스니커즈 등은 큰 화제를 모으며 완판되는 등 광고수익 창출에도 기여하였다.

히트 상품의 비결을 도출해봅시다.

대박 상품은 보통 매출, 참신성, 영향력 등의 측면에서 살펴볼 수 있습니다. 예컨대 '혁신', '건강', '안전' 같은 개념으로 말이죠. 이는 상품을 만드는 자가 사회나 소비자 트렌드를 면밀히 분석하고 있었기 때문에 가능하다고 봐야 할 겁니다. 마케팅 분야에 지원하는 사람이라면 〈꽃보다 할배〉라는 히트 상품이 어떤 기획 의도와 콘셉트에서 출발하였는지를 자기만의 시각으로 정리해보기 바랍니다. 이런 연습을 자주 해봐야 비즈니스와 업業을 이해하는 시각을 가질 수 있습니다.

입사 후 히트 상품을 만들기 위해 어떤 노력을 할 수 있는지 생각해봅시다.

자소서나 면접에서 입사 후 포부에 대해 잘 묻습니다. 그냥 누구라도 대답할 것 같은 뻔한 말 대신 자신의 장점이나 소양에 근거하여 사회적 트렌드나 소비자 잠재심리 같은 부분을 잘 믹스하여 논리적으로 그럴듯한 스토리를 구축해보기 바랍니다. 이 한 가지만으로 취업을 결정지을 수 있을지도 모릅니다.

04

빠르게 성장하는 중국 방송

한국의 3배에 달하는 중국 방송시장

최근 중국 방송시장은 매년 10% 중반을 웃도는 고속성장세를 시현하고 있다. 이는 위성·지상파 위주의 전통적인 방송시장만을 산출한 데이터로 최근 급성장하고 있는 인터넷 동영상 스트리밍 사이트들(유쿠, 투도우, 소후, 아이치이 등)을 포함하면 성장세가 연 40%대에 달할 것으로 추정된다. 2012년 기준 중국 방송시장(수신료+유료 방송+TV광고) 규모는 이미 12조 원을 돌파하였고, 2014년 20조 원을 넘어선 것으로 추정된다. 이는 한국 시장 대비 3배에 달하는 규모다.

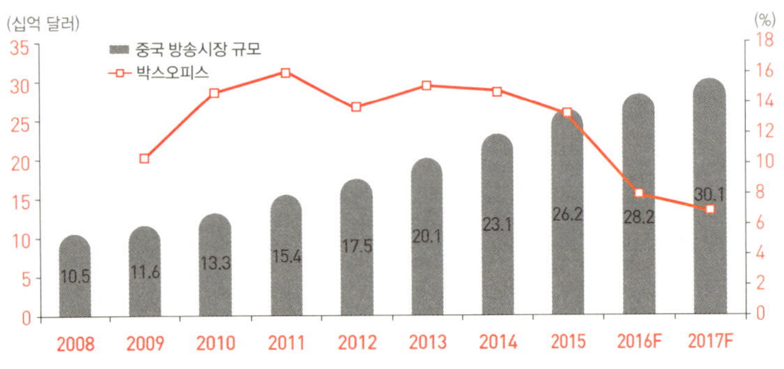

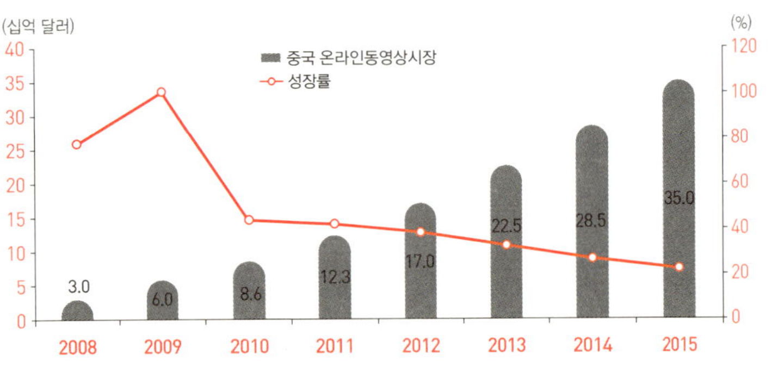

채널에 비해 콘텐츠가 부족한 중국 방송

중국 방송시장의 성장은 중국 소비시장의 성장과 동행하고 있다.

중국 인터넷 동영상 스트리밍 사이트들

자료: 언론매체

즉, 중국 소비는 실물경제뿐만 아니라 방송광고 및 영상 콘텐츠 시장의 성장을 촉발시키고 있다. 특히 중국은 PPL·협찬 관련 규제가 전무하여 제작원가 부담을 줄일 수 있는 옵션이 많다. 또한 최근 스마트폰 등 모바일 기기의 확산에 따라 영상 콘텐츠를 접할 기회가 증가하면서 한국 드라마 및 영화를 비롯한 다양한 콘텐츠의 영향으로 콘텐츠의 수요가 질적, 양적으로 향상되고 있다.

반면, 아직 중국의 자체 콘텐츠 제작 능력은 한계가 있는 상황이다. 2013년 위성TV의 프라임 타임(저녁 7시부터 10시) 드라마 600여 편 가운데 340편 이상이 재방송 편성이었을 정도로 양질의 콘텐츠의 공급이 부족한 상태이다. 이를 타개하기 위해 한국과의 협력을 통한 양질의 신규 콘텐츠를 생산하는 데 관심을 집중하고 있다. 중국 방송시장은 콘텐츠 제작 업체들이 주요한 헤게모니를 보유하고 있는 판매자 시장(Seller's Market)으로 4,000개 이상의 채널이 존재하며 소수의 지배적 방

중국 방송광고시장 – 콘텐츠 업체들이 지배력을 가진 판매자 시장

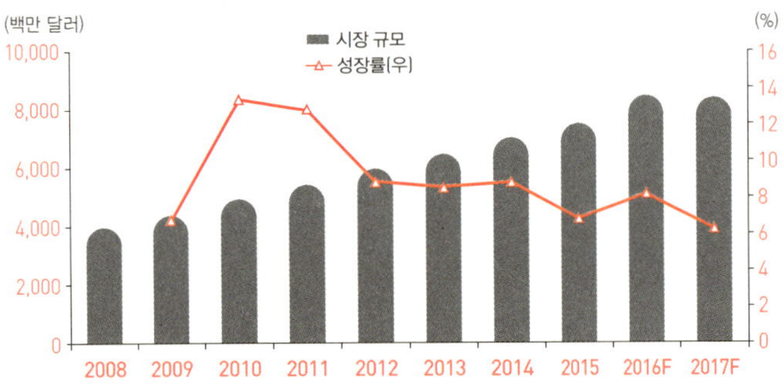

자료: PWC

한국 드라마 전송권 가격 – 상향 추세

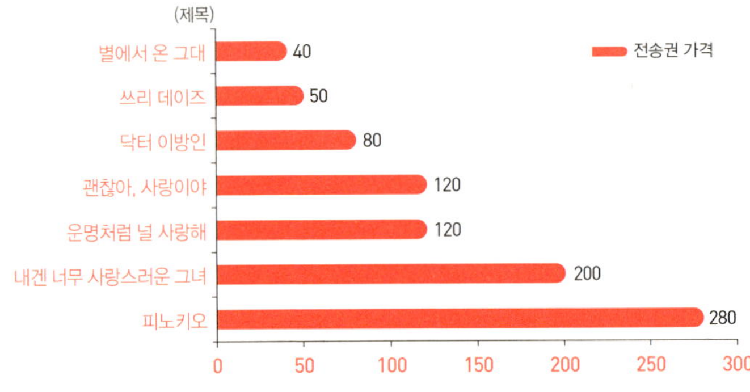

자료: 업계

송 채널은 제한적이다. 통상적으로 시청률 1%를 넘기기가 어렵지만, 한국 콘텐츠와의 제휴는 1차적인 성공 가능성을 높여주므로 기대수익이 크다는 점에서 용이하다.

원선제 도입으로 간소화된 중국 영화시장

중국 영화시장은 2002년 정부가 주도한 시장 개혁으로 현재의 제작 Production, 배급Distribution, 상영Cinema Circuit·Cinema이라는 하나의 통일된 시스템으로 발전했다. 중국 정부는 영화산업의 체질 개선을 위해 국영기업이 독점하던 제작 및 배급 시스템 분야에 민간기업 진출을 허용해주었으며, 배급·상영 부문에서 '원선제院線制'를 도입해 영화배급 절차를 간소화시켰다. 2000년대 중국 영화시장은 중국인들의 가처분 소득 증가, 할리우드 블록버스터 수입 및 중국 내 블록버스터 제작 확대, 원선제 도입에 따른 배급시장 개혁, 복합상영관 중심의 영화관 건설 확대 등에 의해 고성장세를 시현하였다. 참고로, 원선이란 '영화관 체인(Theater Chain)'으로 영화관 관리 회사를 의미하며 특정 지역에서 다수의 영화관과 3~5년 계약을 맺고 신작 영화를 수급해주는 2차 배급사 역할을 칭한다. 원선제를 도입하면서 중국 영화시장은 제작사 → 배

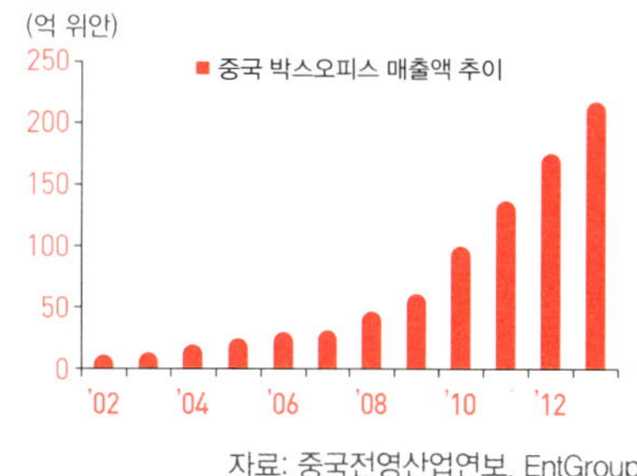

Fig 32

중국 박스오피스 매출 추이

자료: 중국전영산업연보, EntGroup

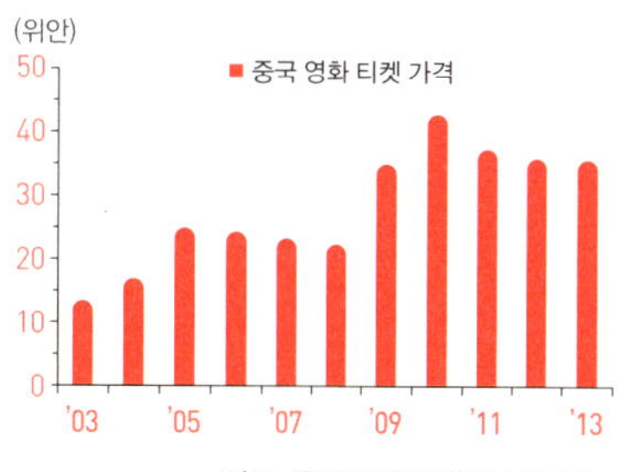

Fig 33

중국 박스오피스 평균 티켓 가격 추이

자료: 중국전영산업연보, EntGroup

급사(다수) → 원선 → 영화관으로 간편화되었다.

한편 중국은 자국 영화 보호를 위해 해외 수입 영화에 대해 쿼터제를 운영하였다. 1994년 해외 수입영화 10편을 허용한 이래 2002년 30편, 2012년 44편까지 확대되었다. 2017년에는 추가적인 해외 영화 허용이 예상된다. 참고로, 중국과의 합작 영화로 인정받을 경우 제작업체의 수익 배분율은 43%로 수입영화 25% 대비 현저히 높다.

멘토의 Tip ⑫   **중국 방송과 영화 시장 이슈 살펴보기**

중국 방송과 영화 시장의 현황과 이슈 정도는 공부해둡시다.
CJ E&M의 해외 시장은 일차적으로 중국임을 알 수 있습니다. 시장 규모에 비해 콘텐츠 제작과 질적인 측면에서 열위에 있는 중국의 방송 및 영화 시장의 특성상 CJ E&M으로서는 큰 잠재적 기회요인을 가졌다고 하겠습니다. 따라서 인터넷 검색 등을 통해 중국 방송과 영화 시장에 대한 현황과 이슈 정도는 공부해둘 필요가 있습니다.

관련 자료 찾아보기 ❼
한국콘텐츠진흥원,
〈중국 방송시장과 온라인 동영상 서비스의 성장〉

중국 시장과 관련해서는 본문의 내용 정도만 숙지해도 무난하겠지만 관련 연구단체 등에서 발간하고 있는 보고서를 활용하여 간단한 흐름은 파

악해보기 바랍니다. 한국콘텐츠진흥원에서 2014년 6월 발간한 〈중국 방송시장과 온라인 동영상 서비스의 성장〉 같은 자료를 참고하면 유용한 정보를 많이 얻을 수 있을 겁니다.

05

산업 발전에 따른 문화 소비행태의 변화

방송: TV 시청행태 변화

방송의 과거 시청행태는 텔레비전 등의 TV수상기를 통해 주로 이루어졌으나, 현재 시청자들은 VOD와 동영상 스트리밍 시장으로 이동하고 있다. CJ E&M 역시 네이버와 같은 PIP(Platform In Platform) 플랫폼에 광고를 직접 판매하면서 전체 매출의 90%를 차지하는 것으로 인식, 현재 CPM(Cost Per Millennium, 노출당 비용) 기반 광고를 비딩이나 CPC(Cost Per Click, 클릭당 비용) 형태로 개편하여 단가가 상승할 것으로 보인다. 통합 시청률이 도입된다면 VOD의 방영 전(Pre-roll) 광고 단가는 더 상승할 전망이다.

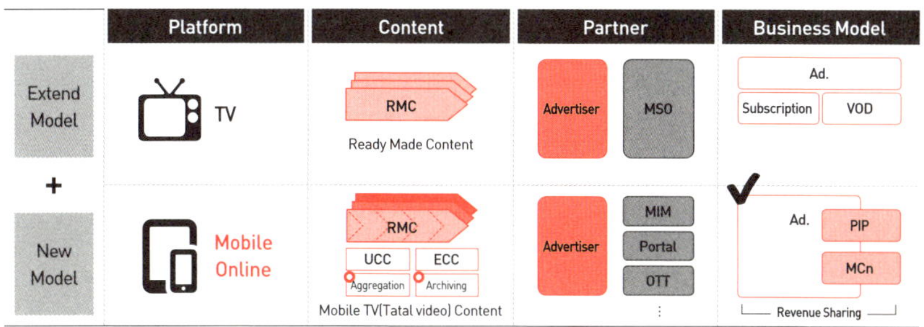

자료: CJ E&M

영화: 판매 경로 다변화

영화 콘텐츠의 판매구조는 1차적인 영화관 배급·상영에서 해외 판권, VOD 판권, 공중파 및 케이블TV의 계약 등으로 다변화된다. 영화 산업의 주요 밸류체인은 제작사, 투자배급사, 극장사업자로 구성되어 있다. 극장사업자는 티켓 매출을 수익으로 인식한 후 배급사에 제공하는 티켓 매출의 55%를 부금 원가로 인식한다.

이러한 수익구조로 인해 극장사업자는 영화의 흥행 여부와 상관없이 안정적인 수익 창출을 하게 된다. 제작사 역시 투자배급사에게 제작비를 지원받는 구조로 흥행에 실패해 영화 프로젝트가 적자를 기록하더라도 손실을 떠안지 않는다. 반면 투자배급사는 영화가 흥행에 실패하여 BEP(Break-Even-Point, 손익분기점)를 달성하지 못할 경우 투자금을 회수하지 못한 채 적자를 기록하게 된다.

국내 영화 및 공연 판매구조 – 영화관 상영부터 부가 판권까지 다변화

매출 유형	품목	구분		판매 경로
영화 매출	영화 상품	수출	해외 판권 계약	영화별 판매 전략 수립, 영화 홍보자료 배포, 국가별·영화별 판권 계약, 필름공급, 영화관 상영, 수익 정산
		국내	영화관 배급·상영	제작·수입 시사회, 영화관 사업자별 배급 계약, 필름 공급 영화관 상영, 관객 수 정산
			비디오 DVD 판권 계약	시사회, 제작·판매 계약, 출시 및 판매, 판매량 정산
			공중파, Cable TV 판권 계약	방송사별 판권 제시, 방송사 선정 및 계약, 베타 제작·납품 방영
공연 매출	공연 상품	국내	뮤지컬	기획, 공연장 대관 계약, 공연 제작 공연 홍보 및 마케팅, 개막, 티켓 판매, 정산, 수익 정산

자료: CJ E&M

국내 영화 유통 구조

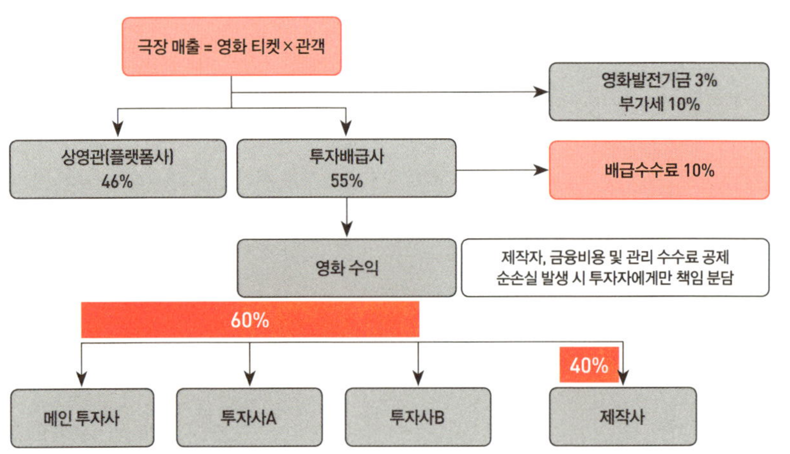

자료: CJ E&M

 **유통 채널과 관련한 방송과 영화의 변화상을 꼭 숙지합시다.**

유통채널과 관련한 방송 시청행태 변화와 영화 판매 경로 다변화에 대한 본문의 내용은 반드시 숙지하기 바랍니다. 면접에서는 이런 흐름에 대한 이해도를 직접적으로 검증할 가능성이 높습니다. 전략적으로 입사 준비를 했다면 이 정도의 시장 환경 변화상은 충분히 설명할 수 있을 거라고 추론할 것이기 때문입니다. 이런 요소 외에도 시장 환경 변화의 내용에 근거하여 자신이 입사해서 하고 싶은 일이나 비전에 대해 설명하는 전략도 훌륭한 콘텐츠가 될 수 있습니다.

관련 자료 찾아보기 ⑧
검색 키워드, 'PIC, CPM, CPC, 스트리밍' 

방송 시청행태 변화와 관련한 여러 키워드들이 등장합니다. PIC, CPM, CPC, 스트리밍 등 방송 비즈니스에서 흔히 사용되는 용어들은 관련 단어를 검색해서 보다 다양한 자료들을 공부해볼 필요가 있습니다. 겉으로 보는 CJ E&M과 이런 키워드를 파고들면서 바라보는 CJ E&M은 전혀 다를 수 있다는 것입니다. 그래야만 자신만의 콘텐츠를 가질 수 있게 되며 회사에서는 그런 지원자를 인재로 인식한다는 점을 참고하기 바랍니다.

06

매출에 영향을 주는 시장과 거시경제 환경

디지털과 온라인화가 미치는 영향

모바일 기기 보편화로 콘텐츠 소비행태가 달라지고 있고 콘텐츠 소재 및 형식 역시 다양화되고 있다. 자체 제작 콘텐츠는 드라마, 예능, 영화, 음악, 공연 등 장르별로 디지털 라이브러리를 구축하고 있으며 1인 제작자들을 대상으로 플랫폼 구축, 마케팅 제공 등이 가능한 에코 시스템(Eco-System) 마련에 역량을 집중하고 있다. 현재 다이아TV에는 '대도서관', '영국남자' 등 400명 정도의 BJ와 450개 정도의 채널이 존재한다. '양띵'이라는 BJ는 아프리카TV에서 게임 중계를 하고 있으며 최근 패션, 음식 등으로 카테고리를 확장하고 있다. 구독자는 200만 명 정도이며 월 2,000~3,000만 원의 순수익을 거두는 것으로 추정된다.

1인 미디어 BJ의 인기 – 아프리카TV에서 게임을 중계하고 있는 BJ 양띵

자료: 노컷뉴스

아프리카TV 동영상 수입 구조

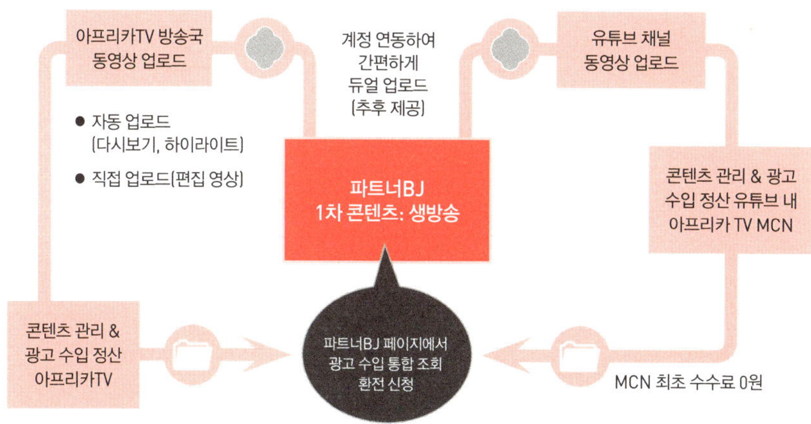

자료: CJ E&M

 **디지털과 온라인의 결합으로 어떤 변화가 생겨나는지 살펴봅시다.**

시장의 진화와 관련하여 디지털과 온라인의 결합 상황을 살펴볼 필요가 있습니다. 흔히 시장의 판도가 바뀐다고 합니다. 소비자들이 비용을 지불해야 하던 것이 무료화되거나 기존에 없었던 서비스가 새로 생겨나면서 시장도 변합니다. 이런 변화는 주로 디지털화와 온라인과의 연계구조에서 비롯됩니다. 시장을 들여다볼 때 먼저 다음과 같은 잣대를 가지고 보는 겁니다. 스트리밍 음악시장을 보겠습니다. 디지털 음원시장이 2000년대 급성장하면서 기존 오프라인 중심의 음반유통사들이 고사합니다. 이 자리를 멜론, 엠넷, 지니, 밀크뮤직 같은 디지털음원사업자들이 채웠습니다. 여기서 하나 더 생각해볼 부분은 스트리밍 음악시장에 음악과 전혀 관련이 없는 트위터나 드롭박스 같은 회사들이 왜 진출하려는지 그리고 그들은 어떤 차별화를 추구하는지 같은 이슈를 분석하는 노력입니다. 트위터와 드롭박스의 차별화 포인트는 추천 서비스 구조에 있습니다. 맞춤형 음악듣기를 가능케 하는 것인데, 개념을 확장하면 팔로워에 대한 큐레이션 기능이 가능한 형태입니다. 이 부분은 방송 콘텐츠시장도 마찬가지 흐름일 겁니다. 소비자가 몰리게 되면 궁극적으로는 소셜커머스 방식의 음악 비즈니스 모델이 탄생합니다. 이런 포인트 외에도 관련 업계와의 전략적 제휴, 품질 향상 문제, 소비자 취향 파악, 상품 제공 방식 같은 경쟁사와 차별화할 수 있는 전략도 생각해보시기 바랍니다.

기술혁신, 지식정보화 등의 IT 영향

    CJ E&M은 광고효율성 및 시스템 확보를 통해 다양한 미디어 상품을 창출하면서 디지털 매출(모바일 및 VOD 플랫폼 등) 확대에 나서고 있다. 최근 전통 미디어와 디지털 미디어 믹스의 중요도가 부각되고 있는데, 2018년 국내 디지털 광고시장은 약 4조 원으로 전망되며, 디지털 CPM 광고의 경우 노출 1회당 10원 정도의 광고비가 부과되고 있어 트래픽 증대가 곧 광고 매출 증가로 이어지는 수직적 성장이 가능하다.

Fig 39

국내 디지털광고시장 규모 – 5yrs CAGR 10% 시현

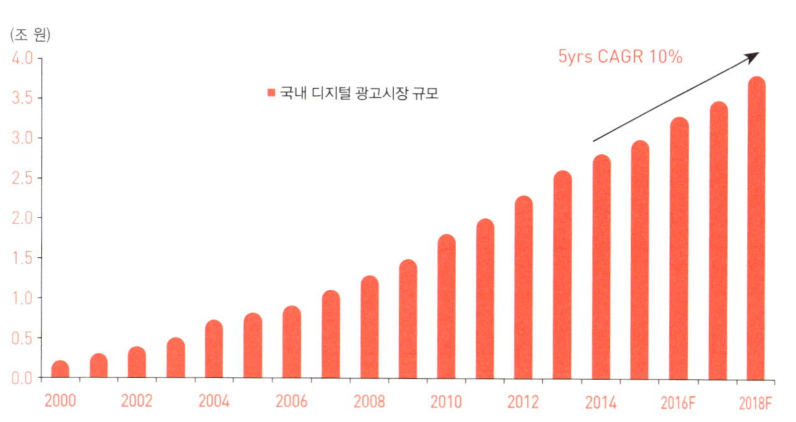

자료: KOBACO, CJ E&M

 **시장에 영향을 주는 거시경제 및 사회적 요인을 탐색해봅시다.**

시장이라는 것은 어디까지나 거시경제 틀 속에서 존재합니다. 거시경제적으로 혹은 사회적으로 큰 이슈가 되어 입법 활동이 생기게 되거나 집단심리에 의해 일시적으로 돈이 한쪽으로 쏠리게 될 때도 관련 시장은 직접적인 영향을 받게 됩니다. 면접에서 간혹 "우리 회사가 앞으로 전략을 펼치는 데 중요하게 봐야 할 변수는 무엇이 있을까요?" 같은 질문이 나옵니다. 누구나 생각할 수 있는 뻔한 대답만 입 안에서 맴돌아서는 안 됩니다. 눈앞에 당면하지는 않았지만 가까운 미래에 얼마든지 영향을 미칠 가능성이 있는 변수를 지적하고 왜 그런지 설명할 수 있도록 자신만의 시각을 구축하기 바랍니다.

경영 이슈: 문화 세계화를 향한 끊임없는 시도와 도전

문화사업은 무엇보다 예측하기 어려운 사업입니다. 게다가 지상파가 독식하고 있던 방송은 개척하기 쉽지 않은 분야이기도 했지요. 또한 방송법에 의한 규제도 사업 영위에 적지 않은 영향을 미쳤습니다. 방송사 간의 시청률 경쟁, 영화산업의 성패와 흥망, 소비자의 기대와 불만을 알아보고 그런 환경 속에서 문화를 선도하는 기업으로 성장할 수 있었던 원동력은 무엇인지 생각해봅시다.

01

뉴노멀 환경의
긍정적 효과

Digitalization – 디지털사업 수익 확대

CJ E&M은 디지털 환경에 대응하기 위해 디지털 콘텐츠 확대(모바일 채널)와 디지털 광고 모델(글로벌 OTT 수익배분)에 회사의 역량을 집중하고 있다. 미디어산업 환경은 모바일 보급으로 콘텐츠 소비행태가 변화하고 있으며 콘텐츠 소재 및 형식 다양성 확대, 크로스 미디어(Cross Media) 중요성 부각, 중국 등 아시아 시장 한류 콘텐츠(K-Contents) 수요 증가가 진행되고 있다.

2018년 CJ E&M의 디지털 콘텐츠 매출액은 2,600억 원을 목표하고 있다. 디지털화의 궁극적인 목적은 디지털 콘텐츠 라이브러리와 에코 시스템 확보를 통해 디지털사업 인프라를 구축하고 다양한 플랫폼과의 제휴로 디지털 광고 판매 확대, 기존의 판권 판매뿐만 아니라 광고

	사업특징	현재 파트너	향후 잠재 파트너
PIP (Platform In Platform)	▶ 콘텐츠 큐레이션 (Contents Curation) ▶ 모바일·온라인 미디어 랩	Samsung WatchON SK planet Hoppin LG Smart TV	▶ MIM: 모바일 메신저 플랫폼 ▶ Portal: 포털 플랫폼
MCN	▶ 개인 및 전문가 콘텐츠 ▶ Creator를 위한 Eco-System	You Tube	You Tudo iQIY Yahoo

자료: CJ E&M

에 대한 수익배분 모델 구축 및 향후 미디어 커머스 분야에까지 수익 모델을 확대시키는 것이다. 앞으로 이용자 행태와 콘텐츠 분석에 기반한 큐레이션으로 이용자 타겟팅 광고가 가능할 전망이다.

Globalization – 파트너십을 통한 현지화 전략

글로벌 전략은 드라마, 영화, 애니메이션 중심의 글로벌화 및 현지화를 통해 중국 등 아시아 지역으로의 진출을 확대시키겠다는 것이 핵심이다. 파트너십을 통한 지역별 글로벌 사업 진출과 콘텐츠 현지화localization 전략을 병행하고 있다. 2018년 콘텐츠 해외 매출액은 5,800억 원 수준을 목표하고 있다.

또한 2015년에는 중국뿐만 아니라 아시아 지역으로의 콘텐츠 수출

글로벌 전략 – 2018년 해외 매출 5,800억 원 목표

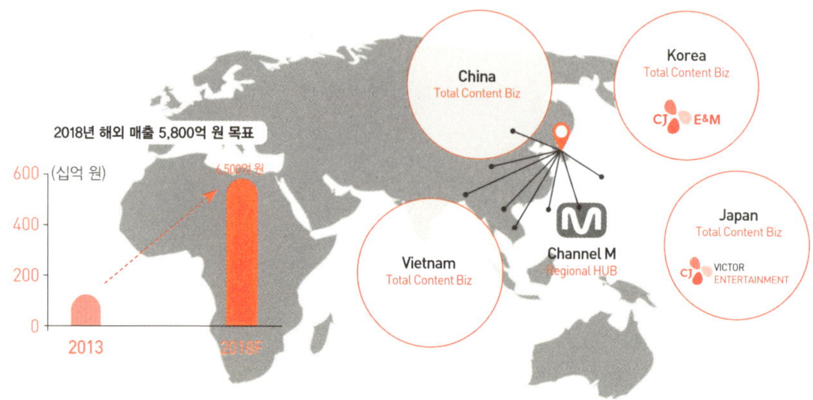

자료: CJ E&M

2015년 수출 콘텐츠 – 〈렛츠고 시간 탐험대〉, 〈렛미인〉, 〈울지 않는 새〉 등 드라마에서 예능까지 다수

자료: CJ E&M

도 강화되었다. 리얼 버라이어티 〈렛츠고 시간탐험대〉와 메이크오버 프로그램 〈렛미인〉의 포맷을 각각 중국과 태국에, 일일드라마 〈울지

않는 새〉의 콘텐츠를 일본에 수출한 바 있다. 〈렛츠고 시간탐험대〉는
리얼버라이어티 프로그램으로 중국의 대형 제작사 '3C미디어'가 제작,
편성은 전국 커버리지의 위성채널 '사천위성'으로 확정된 상태이다.
〈렛미인〉은 태국의 유명 제작사이자 공중파 채널인 'WORK POINT'를
통해 2015년 말 태국판 〈렛미인〉으로 제작되어 방송되었다.

'뉴노멀'이라는 표현에 익숙해집시다.

세계 경제가 고성장, 고소득, 고수익률의 시대에서 저성장, 저소득, 저수익률의 시대로 바뀌어 이제 '3저'의 경제환경이 바로 새로운 기준의 뉴노멀이라 합니다. 정상적인 기업의 경영자라면 이런 뉴노멀의 환경을 현실로 적극 받아들일 겁니다. 경영회의 때마다 소비가 줄고, 뭘 해도 수익 내기 어렵다는 내부 직원들의 얘기를 무수히 들었을 것이기 때문입니다. 하지만 경영자는 뉴노멀의 시대이기 때문에 할 일이 더 많다고 생각합니다. 환경이 어려워진다고 포기하는 것이 아니라 시장 진단을 더 심층적으로 하고 영업도 더 전략적으로 해야 한다고 말입니다. 지원자는 이런 경영자의 생각을 잘 활용해야 합니다. 자소서나 면접에서 뉴노멀이라는 단어를 적당히 사용하거나 뉴노멀의 환경을 전제로 대응 전략을 논리적으로 설명할 수 있다면 매우 좋은 이미지를 줄 수 있습니다.

02

소비자들의
기대와 불만

시청률 중심의 자극적인 콘텐츠

시청률만으로 설명할 수 없는 프로그램들도 존재하지만, 방송에 있어 광고 매출과 직결되는 시청률은 여전히 중요한 지표다. 실제로 2015년 CJ E&M은 부진한 채널 및 프로그램 정리에 보다 적극적으로 나섰다. tvN의 〈촉촉한 오빠들〉과 〈구여친클럽〉이 대표적인 예로 시청률 부진으로 조기 종영되거나 중도에 종료된 바 있으며, 이로 인한 갑작스러운 조기종영과 폐지는 잠시나마 소수 시청자들의 원성을 사기도 하였다.

배타적 배급전략

CJ E&M은 영화배급시장에서 압도적인 점유율을 보유한 1위 사업자이며, CJ그룹은 영화제작·배급·상영관까지의 밸류체인을 확보한 영향력이 큰 사업자이다. 2013년 영화「설국열차」의 흥행 당시,「감기」의 개봉을 2주 앞두고 대작 영화와 라인업이 겹친다는 이유로 배급사가 교체된 적이 있다. 이처럼 자사 영화가 크게 히트를 친 경우 다른 영화의 라인업을 조정하는 등 압도적인 시장지배력에 근거한 배타적 영화배급은 영화소비자들에게 불만으로 작용할 수 있다.

국내 대표 1등 콘텐츠 기업

소소한 이슈들에도 CJ E&M은 한국을 대표하는 종합 콘텐츠 기업으로 국민들에게 많은 문화적인 즐거움을 제공하고 있다. 또한 중국을 비롯한 글로벌 시장에서 한류 트렌드를 주도하는 사업자로 자부심을 주고 있다. 방송, 영화, 음악, 공연 등 다양한 미디어 콘텐츠와 플랫폼 서비스를 통해 문화산업을 주도하는 종합 콘텐츠 기업으로 부족한 부분들을 보완하면서 계속해서 성장해나갈 것으로 판단된다. 방송은 tvN, OCN, Mnet을 비롯한 17개 채널을 보유하고 창의적인 콘텐츠를 제작하고 있고, 영화의 경우 1995년 영상산업에 진출한 이래 한국 영화시장의 현재를 만들어냈다. 음악 역시 연간 400여 타이틀, 2,000여

곡을 제작·유통하고 있으며 연간 300회 이상 콘서트를 개최하는 등 문화 대중화에 공헌하고 있다.

멘토의 Tip ⑰　　　　　　　　　　　　문제점·개선점 노트 만들기

고객의 입장에서 문제점과 개선점을 담은 노트를 만들어 봅시다. 소비자 이슈 문제를 활용하는 방법 중 하나는 소비자가 아쉬워하는 부분을 찾아보는 것입니다. 경영자는 기획에서 생산에 이르기까지 모든 조직원들이 고객에 대해 깊이 이해하기를 바랍니다. 좀 깐깐한 사장이라면 경영전략회의 때 참석자 중 몇 명을 무작위로 호명해서 고객 동향과 관련된 질문을 넌지시 해봅니다. 물론 고객 관점의 질문만 하는 것은 아니겠지만, 대답을 들어보면 이 사람이 맥을 제대로 잡고 일하고 있는지 금세 알 수 있기 때문입니다. 실제로 국내 대기업의 임원 정도면 경영회의가 있기 전 밤을 새워서라도 CEO의 예상 질문에 대비합니다. 취업 준비 역시 고객을 이해하는 시각을 길러두면 면접관의 마음을 사로잡을 수 있습니다. 여건이 된다면 고객 입장이 되어 무엇이 아쉬운지 그리고 무엇을 더 개선하면 좋을지에 대한 자기만의 노트를 만들어보길 권합니다.

03

방송과 영화 산업에 대한 정부 규제 제도

방송: 방송법 개정으로 바뀌는 환경

방송사업은 방송법에 의해 규제를 받는다. 2015년 방송통신위원회는 방송법 개정안을 공표, 2016년 3월부터 시행된다. 구체적인 내용은 다음과 같다.

a. 방송광고총량제

기존의 광고 종류별 칸막이식 규제가 폐지되고, 방송사가 광고의 종류와 시간 등을 자유롭게 편성할 수 있도록 지상파 방송에 '방송 프로그램 편성시간당 총량제'가 처음으로 도입되고, 유료 방송 역시 기존 시간당 총량제에서 같은 제도로 변화된다. 지상파 방송에는 방송 프로그램 편성시간당 평균 15/100 이내, 최대 18/1000의 광고총량을 허용(지상파 TV의 방송 프로그램 광고 시간은 최대 15/100)하고, 유료 방송에는 방송프로그램 편성시간당 17/100 이내, 최대 20/100의 광고총량을 허용한다.

b. 가상·간접 광고

가상광고는 현재 운동경기 프로그램에만 허용되어 있는데, 앞으로는 오락과 스포츠 보도에 관한 프로그램으로 확대, 허용된다. 단 입법 예고 안에 포함되어 있던 교양 프로그램은 시청자가 광고와 정보를 혼동할 우려가 있어 제외된다. 유료 방송의 경우 가상·간접 광고 시간이 방송프로그램 시간의 5/100에서 7/100으로 확대되며, 지상파는 기존과 동일하다.

c. 제작 프로그램 편성 비율

방송법 개정안을 통해 외주제작 의무편성과 지상파 특수관계자가 제작한 프로그램의 편성 비율을 제한하는 내용이 폐지된다. 기존에는 외주제작 프로그램을 편성할 경우 특수관계자가 제작한 방송 프로그램을 일정한 비율 이상 초과하지 않도록 편성해야 했다.

영화: 영화산업을 키우는 제도 변화가 필요

한국 영화는 스크린쿼터제에 의해 규제보다는 보호, 육성되어온 산업이다. 스크린쿼터제는 연간 73일(연간 20%) 국산 영화의 상영을 의무화하는 제도이다. 그 결과, 이제 한국은 국내 영화 점유율 50%대를 유지하는 전 세계 몇 개국 중의 하나일 정도로 영화산업의 양적 성장과 질적 향상을 이루어냈다. 그러나 실제로 국산 영화의 상영 일수는 의무상영 일수를 훨씬 초과하는 상황이어서 스크린쿼터의 유효성은 낮아진 상태로 스크린쿼터의 점진적 축소가 영화계의 계속되는 화두다.

또한 영화산업의 주요한 현안은 '수직계열화' 문제다. 배급사의 대형 극장 보유에 따른 스크린 독과점으로 인해 영세 제작사 및 독립영화는 스크린 확보가 어려워졌다는 것이다. 그러나 자국 영화가 절반 이상을 차지하고 있는 미국, 일본, 중국, 인도 등에서도 모두 제작, 배급, 상영의 수직통합을 허용하고 있다. 수직계열화 체제에서 안정된

Fig 43
방송법 개정안 주요 내용

(2015년 기준)

구분	주요 내용	비고
광고시간	광고총량제 도입 및 방송프로그램 편성시간당 총량제 선택 지상파 등 - 편성시간당 평균 15/100, 최대 18/100 유료 방송 등 - 편성시간당 평균 17/100, 최대 20/100	지상파 TV 프로그램광고 시간은 최대 15/100
가상광고	허용 장르 확대 - 운동경기 중계 → 운동경기 중계, 오락, 스포츠 보도 허용시간 확대 (유료 방송 등) - 프로그램 시간의 5/100 → 7/100 시청권 보호 의무 규정	입법예고안에서 '교양' 제외
간접광고	허용시간 확대(유료 방송 등) - 프로그램 시간의 5/100 → 7/100 시청권 보호 의무 규정	허위, 과장 등은 방심위 규정으로 정함

자료: 메리츠종금

투자배급으로 상영의 선순환이 이루어져 산업 토대가 강력해졌다는 것이 그 이유이다. 따라서 영화산업 규제는 개방과 자율을 전제로 한 시장경쟁 체제에서 영화산업의 경쟁력을 키우는 방향으로 전개되어야 할 전망이다.

멘토의 Tip ⑱ 　　　　　　　　부가사업 진출 과정 알아보기

정부의 방송 및 영화 산업 규제에 대한 주요 내용을 살펴둡시다. 입사 후 당장 현업에서 기획서 작성 같은 일을 할 수 있으려면 정부의 규제에 대한 이해도가 높을수록 완성도 높은 자료를 만들 확률이 높습니다. 그렇게 해서 주변 동료나 상사에게 인정받는 점은 자신에게 큰 보너스입니다.

04

지상파의 지배력 감소로 인한 갈등 심화

광고 매출을 둘러싼 시청률 경쟁

시청률 경쟁은 콘텐츠의 퀄리티 향상으로 이어져 긍정적인 효과를 일으킨다. 하지만 경쟁이 심화될 경우에는 방송사 간 분쟁으로 이어져 방송송출 중단 등 시청자 피해가 현실화될 수 있다. 방송사에게 시청률은 곧 광고매출로 직결되기 때문에 자사 콘텐츠의 시청률에 민감하게 반응할 수밖에 없다. KBS, SBS, MBC는 과거 TV 콘텐츠시장에서 독과점적인 지위를 누렸으나, 케이블TV와 종합편성채널의 성장으로 영향력은 감소하고 있다.

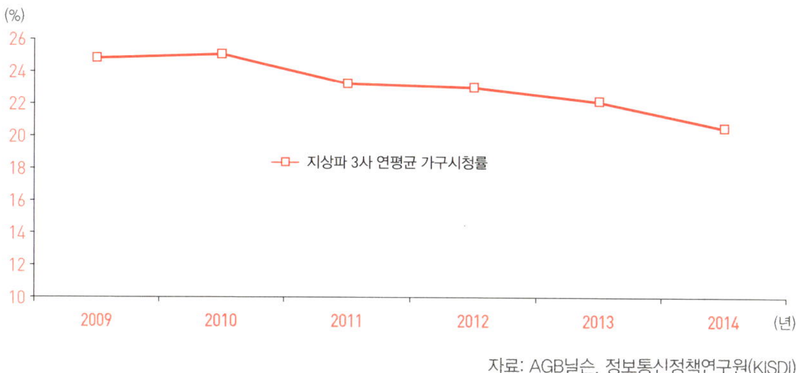

점차 심화되는 VOD 서비스 분쟁

지상파는 IPTV를 비롯한 유료 방송을 대상으로 가입자당 재송신료, 주문형 비디오VOD의 가격 인상을 추진하고 서비스 중단을 결정하는 등 갈등이 심화되고 있다. 실제로 2015년 6월부터 지상파 3사 방송이 SK브로드밴드와 LG유플러스의 IPTV에서 중단되었다. 게다가 최근 유선 IPTV를 통한 지상파 방송 프로그램의 VOD 가격은 고화질 HD 1,500원, 일반화질 1,000원으로 약 50% 안팎의 인상을 거쳤으나, 지상파 방송 이용료 역시 기존 1,900원에서 3,900원으로 올리고자 하고 있다. 참고로, IPTV 3사는 2013년 CAP(콘텐츠연합플랫폼)과 계약을 맺고 모바일 IPTV에서 지상파 콘텐츠를 이용하는 대가로 17개월간

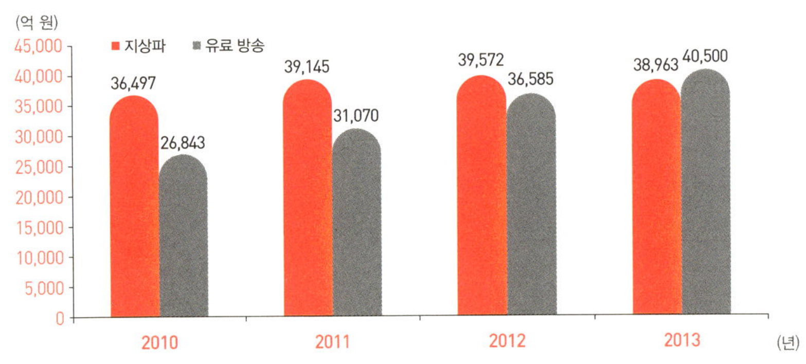

250억 원(월 15억 원 가량)을 지급하기로 했다. 가입자당 월 1,900원씩 내는 셈이었는데, 2015년 모바일 IPTV 가입자가 증가하자 가입자당 계산 방식을 전환하여 콘텐츠 이용료를 2배 이상 올리겠다고 주장하였다. 이 문제의 근본적인 이유는 지상파 3사의 시청률과 광고 매출의 지속적인 하락으로 제작비를 감당할 수 없는 경영위기 상황에 근거한다. 반면 유료 방송은 지상파의 콘텐츠 파워를 무기로 일방적인 기준 상향을 시도하고 있다며 반대하고 있는 상황이다.

관련 자료 찾아보기 ⑩
검색 키워드, '방송시장 구조', '방송시장 참여자'

'방송시장 구조', '방송시장 참여자'를 키워드로 해서 관련 자료들을 정독해보기 바랍니다. CJ E&M 입사를 준비하는 데 있어 무엇보다 국내 방송

시장에 대한 맵map과 사업자들의 위치에 대한 이해가 선행되어야 합니다. 이 부분에 대한 이해도가 낮다면 본 교재의 내용들도 알 듯 모를 듯한 느낌이 지속될 수밖에 없습니다. 예컨대, 정보통신정책연구원이나 전자신문 등의 홈페이지에 들어가서 방송과 관련된 전문가들의 칼럼을 읽어보는 것도 시장에 대한 시각을 기르는 매우 유용한 방법입니다.

05
예측할 수 없는 사업, 뒤쫓아 오는 중국

투자·매출·수익 예상이 어려운 문화 콘텐츠산업

문화 콘텐츠산업은 투자에서 매출, 수익 창출까지 예측이 어려운 대표적인 흥행 산업이다. 투자 비용 대비 매출이나 수익의 예상이 힘들기 때문에 투자 방식도 일반 제조업과 다르다. 따라서 문화사업의 경우 전문경영인 체제보다는 오너 체제하에서 장기간의 과감한 투자가 이루어질 가능성이 높다.

중국의 가파른 성장

중국의 '바링허우(1980년대 이후)'나 '주링허우(1990년대 이후)' 세대의 문

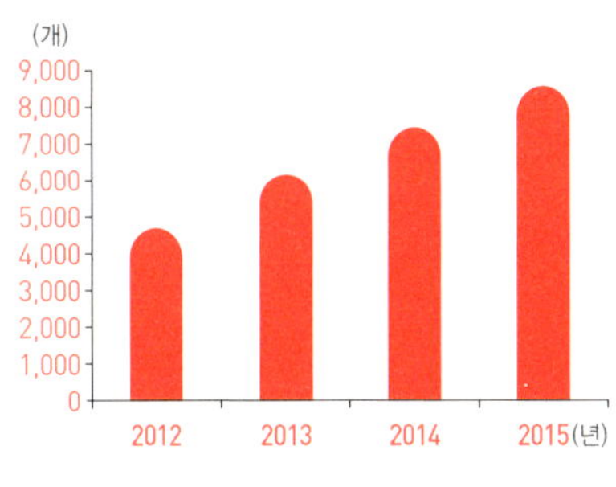

Fig 47

중국 내 드라마 시청률 Top 5

(2015년 5월 4째주 기준)

순위	프로그램명	방송사
1	호랑이 엄마 고양이 아빠	상하이둥팡위성
2	특경역량	후난위성
3	호랑이 엄마 고양이 아빠	텐진위성
4	다음 정거장은 결혼	베이징위성
5	쥐 죽은 듯한 고요한	장쑤위성

자료: 한국콘텐츠진흥원

화 콘텐츠 생산 능력과 소비 수준은 글로벌 스탠더드에 근접하다고 평가받고 있을 정도로 뛰어나다. 중국 드라마는 과거 〈판관포청천〉과 같은 사극류에서 최근 트렌디한 드라마도 급속히 생산되고 있다. 국내에서 중국 드라마 및 영화를 즐겨보는 팬도 증가하고 있을 정도다. 중국에서 제작된 예능 프로그램 〈넌 정상이니〉는 '이를 닦지 않고 아침밥을 먹는 게 정상인가 비정상인가' 등 각종 주제에 대해 정상, 비정상 여부를 논하는 예능 프로그램으로 2015년 5월 텐센트 동영상으로 첫 방송이 나간 뒤 3일 만에 4,685만 뷰를 기록한 바 있다.

중국 드라마가 국내로 역수입되는 것도 시간 문제라고 판단될 만큼 국내 콘텐츠 업체들의 질적, 양적 성장이 더욱 필요한 시점이다.

'중국 방송 콘텐츠시장'을 키워드로 관련 자료들을 읽어보기 바랍니다. 중국의 방송 콘텐츠시장은 CJ E&M이 사업 전략을 세우는 데 있어 매우 중요하게 고려할 시장이므로 이에 대한 일정 수준의 이해도를 갖춘다면 서류나 면접 전형에서 매우 유리하게 작용할 것입니다. 한국콘텐츠진흥원에서 2015년 3월 발간한 〈중국 콘텐츠시장 규모 및 전망〉 자료 하나만 제대로 읽어봐도 자소서나 면접에 활용할 수 있는 콘텐츠를 무수히 많이 발견할 수 있을 것입니다.

06

하버드 케이스 스터디로 본 이슈 진단

적자가 나더라도 멈추지 않는 문화 투자

적자가 나더라도 경영자 자신의 마음속에 장기적 비전이 뚜렷하다면 투자를 늘리는 것이 나을까?

_엘리 오펙(하버드 최고경영자 과정 교수)

2015년 3월 하버드 경영대학원은 CJ E&M의 문화사업 투자를 케이스 스터디에 포함시켰다. 2014년 CJ E&M의 영업손실은 126억 원을 기록하였다. 〈꽃보다 할배〉, 〈삼시세끼〉, 〈미생〉 등의 프로그램이 히트했음에도 불구하고 영업실적 측면에서는 큰 성과를 기록하지 못했다. 하버드의 엘리 오펙 교수는 영업상의 적자는 기업의 비전을 움츠러들게 하는 요소이나, CJ그룹의 대응 방식이 달랐다는 점에 주목해야

구분	내용	성장 수준
영화관 매출	1,925억 원(1995년) → 1조 6,641억 원(2014년)	9배
편당 제작비	10억 원(1996년) → 20.1억 원(2014년)	2배
영화 수출	20만 달러(1997년) → 6,308만 달러(2014년)	315배
케이블 방송광고시장	1,195억 원(1997년) → 1조 3,825억 원(2013년)	12배
케이블PP수	20여 개(1997년) → 188개(2013년)	9배
방송 프로그램 수출	2,300만 달러(2001년) → 2억 8,776만 달러(2013년)	13배

자료: 매일경제

한다고 강조하였다. CJ그룹 이재현 회장은 "문화산업은 경제성장의 핵심 동력이며 한국은 아시아를 넘어 향후 글로벌 문화강국으로 성장할 것"이라며 "이것이 적자를 내면서 지금까지 CJ가 문화콘텐츠사업에 지속 투자해온 이유"라고 밝힌 바 있다. CJ가 목표로 하는 비전 '전 세계인이 매년 2~3편의 한국 영화를 보고, 매월 1~2번 한국 음식을 먹고, 매주 1~2편의 한국 드라마를 시청하며, 매일 1~2곡씩 한국 음악을 듣게 하는' 이른바 '한류 글로벌화'도 이러한 뚝심 있는 투자 전략이 받쳐주고 있으니 불가능한 꿈은 아니라 판단이 된다.

자신과 CJ E&M이 어떤 동질적인 아이덴티티가 있는지 생각해 봅시다.

애널리스트가 기술하고 있는 하버드 케이스 스터디 사례는 CJ E&M의 기업문화를 단적으로 보여주고 있습니다. 적자 사업임에도 불구하고 CJ E&M이 만들어가고자 하는 비전과 목표의식이 무엇인지 그리고 이 회사의 진정성이 어느 정도인지를 잘 읽을 수 있다는 것입니다. 이런 요소를 활용하여 자신과 CJ E&M이 어떤 동질적인 아이덴티티가 있는지를 생각해보는 식으로 지원동기를 구축해나가야 설득력을 높일 수 있습니다.

04

경영 요소: 전 세계인에게 재미와 감동을 선사하는 콘텐츠 기업

케이블TV의 역사를 썼다고 할 만큼 지상파와 차별되는 콘텐츠들을 거의 독점하다시피 양산해온 CJ E&M. 히트 프로그램들로 수천억 원에 달하는 경제효과를 일으키며 방송의 새로운 편성법칙, 스타PD 등을 만들어냈습니다. 이러한 기세라면 앞으로 더욱 영향력을 확장해갈 수 있으리라 전망합니다. 과연 어떤 업무 환경에서 브랜드 가치 상승을 위해 해외 진출, 브랜드 마케팅, 대고객 전략을 계획 중인지 살펴봅시다.

01

문화를 선도하는
대박 상품들의 탄생

CJ E&M은 케이블TV의 역사를 썼다고 할 만큼 지상파와 차별되는 콘텐츠들을 대거 양산하였다. 1995년 3월 미국 영화제작사인 드림웍스에 3억 달러를 투자하면서 문화사업을 시작, 같은 해 제일제당 내에 멀티미디어사업부 신설하고 1997년에는 음악 전문채널 엠넷을 인수하였다. 이후 1998년 국내 최초 멀티플렉스형 극장인 CGV강변을 오픈하는 등 문화사업에 투자를 본격화하였다. 프로그램별로 발생한 경제효과를 나누어보면 〈응답하라 1994〉 1,181억 원, 〈꽃보다 할배〉 1,256억 원, 〈MAMA〉 3,000억 원, 〈슈퍼스타K〉는 1,331억 원으로 조사된 바 있다. 이러한 무서운 성장세의 배경에는 지상파 출신의 이명한, 나영석, 신원호, 김원석 PD의 이동도 일정 부분 기여하였다. 신원호 PD의 〈응답하라 1997〉과 〈응답하라 1994〉는 지상파와 케이블의 경계를 허물며 문화현상을 만든 대표 드라마이고,

방송가에 '금토 드라마'라는 새로운 편성법칙을 만들어냈다. 나영석 PD 역시 여행 및 요리 프로그램 등을 통해 tvN 예능프로그램의 한 획을 긋게 한 장본인이다.

주력 상품 I. 〈슈퍼스타K〉

2009년 7월 첫 방송된 오디션 프로그램 〈슈퍼스타K〉는 케이블 채널의 경쟁력을 한 단계 업그레이드시킨 프로그램이다. 한국판 〈아메리칸 아이돌〉로 국내 음악산업의 오디션 신드롬을 만들어냈다. 〈슈퍼스타K〉의 경제효과는 광고주 확대로 확인될 수 있는데, 시즌1의 광고주는 모기업인 CJ그룹이 거의 유일하였으나, 시즌2부터는 코카콜라, 다음, 르노삼성, 모토로라 등 대기업의 협찬으로 확대되었다.

주력 상품 II. 〈꽃보다 시리즈〉에서 〈삼시세끼〉까지

나영석 PD는 2013년 KBS에서 이적, '꽃보다 OO 시리즈', 〈삼시세끼〉 등 히트 콘텐츠를 만들어내며 tvN을 10대부터 50대까지 폭넓은 시청층을 아우르는 채널로 성장시켰다. 〈삼시세끼 - 어촌 편〉은 금요일 밤 10시에 편성되어 시청률 14~15%를 기록하며 동 시간대 최고 인기를 만끽하였다.

자료: CJ E&M

주력 상품 III. 「명량」

영화 「명량」과 「국제시장」은 2014년 한국 영화 최고의 히트작으로 각각 1,761만 명, 1,425만 명의 관객을 동원하였다. 「명량」의 티켓 매출 규모는 약 1,300억 원 수준으로 추정된다. 이 중 세금 13%를 제외한 뒤 극장과 투자자, 제작사가 각각 550억 원 규모의 매출을 나눠 가졌다. 「명량」의 손익분기점이 650만 명(제작비 200억 원)이었음을 감안하면 기대를 훨씬 뛰어넘는 흥행 성과를 기록한 것이다.

주력 상품의 특성이나 수요와 공급 측면에서의 관련 요인들을 잘 챙겨봅시다.

지원하려는 회사의 주력 상품을 이해한다는 것은 그것이 무엇으로 만들어졌고 어떻게 만들어졌는지를 파악하라는 것이 아닙니다. 관련 전공자가 아닌 이상 구체적으로 이해하기도 어렵고 그렇게까지 알 필요도 없습니다. 다만, 면접에서는 지원자가 얼마나 전략적인 사람인지 그리고 입사를 위해 얼마만큼 많이 생각해보았는지를 체크하는 차원에서 상품과 관련된 질문을 던져보는 경우가 많습니다. 대표적인 유형이 IT 제품이라면 경량화 방법을 말해보라던지, 수출기업이라면 자사 상품의 해외 진출 전략 같은 것입니다. 그래서 주력 상품의 특성이나 수요와 공급 측면에서의 관련 요인들을 잘 챙겨두어야 합니다.

해외 시장 진출 전략

a. 방송

2015년 기준 전체 매출에서 글로벌 사업이 차지하는 비중은 약 10% 수준이다. 방송, 영화, 음악, 공연 등 전 부문에서 해외 진출이 추진되고 있다. 방송의 경우 포맷수출과 공동제작 등의 형태로 중국 시장 진출이 이루어지고 있다. 중국의 동방위성Dragon TV이 tvN의 〈꽃보다 누나〉를 제작하기로 결정, 촬영은 유럽에서 시작되며 3월에 방송 예정

프로그램 포맷 진출 – 〈꽃보다 누나〉의 중국 버전

자료: CJ E&M

프로그램 포맷 진출 – 〈인현왕후의 남자〉의 중국 버전 〈상애천사천년〉

자료: CJ E&M

프로그램 포맷 수출을 통해 발생한 경제효과

	응답하라 1994	2013 MAMA	꽃보다 할배	슈퍼스타K 5
한류효과 (수출증대효과)	292억 원	2,600억 원	140억 원	594억 원
복고경제학	800억 원	N/A	N/A	N/A
관련 국가 여행상품	N/A	N/A	1,064억 원	N/A
고용창출효과	77억 원	29억 원	52억 원	737억 원
기타	12억 원 간접광고(PPL) 효과	400억 원(유관 산업+ 직간접 경제효과 등)	N/A	N/A
전체	약 1,181억 원	약 3,000억 원	약 1,256억 원	1,331억 원

자료: CJ E&M

이다. 중국 여배우 린즈링, 왕린, 쉬판, 해미연 등이 출연 예정이다. 또한 〈상애천사천년〉은 중국판 〈인현왕후의 남자〉로 중국 텐위미디어, 후난위성TV, CJ E&M이 공동제작하여 2015년 2월 중국 후난TV를 통해 방송되었다.

b. 영화

영화 역시 현지 사업자와의 합작을 통한 사업 모델을 보유하고 있다. 2015년에는 중국, 베트남, 태국, 인도네시아에서 총 8편의 해외합작 영화를 개봉하여 해외 시장 개척을 통한 신규 성장동력 확보가 가시화되고 있다. 2013년에는 영화「이별계약」이 1억 9,000만 위안(약 340억 원, CJ E&M 투자수익 30억 원)의 현지 매출을 기록하였고, 2015년 초 개봉한「20세여 다시 한 번」은 3억 6,000만 위안(약 650억 원)의 매출을 달성하였다.

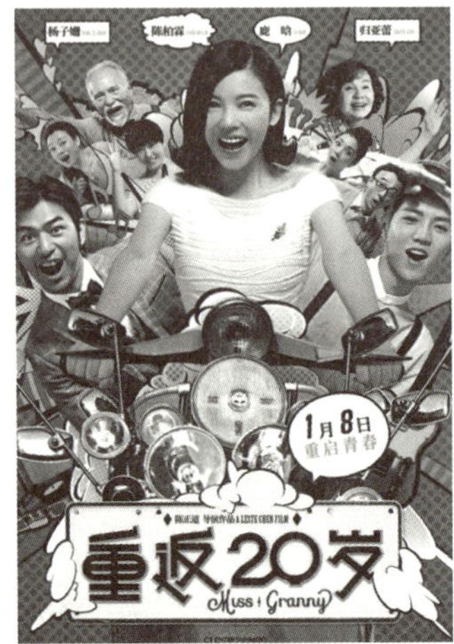

자료: CJ E&M

멘토의 *Tip* ㉑　　중국 시장 진출 전략 생각하기

중국 시장 진출 전략에 대해 간략하게나마 생각해봅시다.

방송과 영화 분야에서 해외 수출 상품 현황이나 관련 스토리를 익혀두기 바랍니다. 면접에서 중국 시장 진출 전략과 관련해서 가볍게 질문을 받을 수 있다고 가정해보고 어떻게 대답할지 미리 생각해보기 바랍니다. 물론 관련 자료들을 찾아보고 객관적 데이터나 사실에 근거하여 합리적인 의견을 도출하면 됩니다. 이렇게 분석해나가는 과정 속에서 해당 산업에 대한 이해도는 물론 자기만의 시각도 만들어지게 됩니다. 요즘 면접은 경쟁이 워낙 치열해서 변별 차원에서 전략 관련 질문이 자주 등장하고 있습니다.

02

브랜드 가치 향상을 위한 마케팅 전략

마케팅의 주요 목적은 브랜드 가치 제고에 중점을 두고 자사의 콘텐츠를 보다 많은 시청자에게 접하게 하는 것이다. 최근에는 페이스북 등 SNS을 통한 구전 마케팅이 중요해졌다. 신문과 같은 각종 매체에 프로그램을 자주 노출시키는 것도 인지도 향상에 긍정적인 영향을 끼친다.

방송 마케팅은 브랜드관리·콘텐츠연구·새로운 마케팅 니즈 발굴을 위한 기획 및 실행·관리 업무를 담당한다. 영화 마케팅은 영화의 흥행을 위해 고객과의 커뮤니케이션 업무를, 음악·공연 부문은 공연, 음반, 온라인 음원 사이트 등의 프로모션, 브랜드 가치 창출, 고객 확보 등의 업무를 한다.

실제 예시: 〈삼시세끼〉

〈삼시세끼〉는 다양한 식음료 업체들과 공동 프로모션을 통해 프로그램 내에서의 제품 노출 및 브랜드 제고 효과를 추구하고 있다. 예를 들어 2015년 6월 ㈜하림은 1박 2일 글램핑 이용권 및 하림 제품을 제공하는 '삼시세끼 맛있는 캠핑 이벤트'를 실시하였다.

또한, CJ제일제당은 반려동물 식품 브랜드 '오네이처 O'NATURE'의 모델로 〈삼시세끼〉에 등장하는 스타 동물인 '밍키'를 선정, 브랜드 인지도 확산에 나선 바 있다.

〈삼시세끼〉의 브랜드 마케팅 – 식음료 업체와 함께 공동 프로모션을 진행

자료: CJ E&M

매출보다는 고객의 관점에서 접근해봅시다.

'마케팅 근시안'이라는 표현이 있습니다. 제품 개발도 중요하지만 고객에 초점을 맞추는 마케팅을 우선시해야 한다는 것입니다. 1960년대에 나온 단어지만 반세기가 지난 지금도 유효한 개념입니다. 테드 레빗^{Ted} ^{Levit}은 논문을 통해 철도산업의 문제를 근시안의 관점에서 설명했습니다. 철도 비즈니스를 운송으로 보지 않고 철도 그 자체로만 국한했다는 겁니다. 여행객이 왜 철도를 이용해야 하는지를 묻지 않고 자신들이 잘 해내고 있는 철도에만 몰입되어 있었다는 비판일 겁니다. 스타벅스가 '우리는 커피보다는 피플 비즈니스를 추구한다'라고 하는 것과 대조됩니다. 마케팅의 본질은 고객 타겟팅을 우선시하는 데 있다는 의미입니다. 최고의 커피 맛을 추구해서 찾는다기보다는 거실 같은 편한 분위기와 도서관 열람실 같은 혼자만의 시간과 공간을 추구하는 소비자가 더 많다고 보는 겁니다. 특정 제품에 대한 소비는 한 번으로 끝나지 않고 수년에서 어쩌면 평생 이어질 수 있습니다. 한 잔의 커피는 몇 천 원이지만 그 고객이 지닌 자산가치는 수백만 원에서 수천만 원이 될 수 있는 겁니다. 케이블 방송사나 인터넷 비즈니스 업체의 기업 가치가 주로 가입자 수에 의해 결정되는 이유도 여기에 있습니다. 지원 전략을 짜는 데 있어 항상 CJ E&M의 고객 가치를 어떻게 제고시킬 수 있는지의 관점에서 자신의 역할을 잘 생각해보기 바랍니다.

대고객 전략, 티빙과 주문형 방송

CJ E&M은 관계사인 CJ헬로비전의 '티빙tving' 서비스를 소비자와의 커뮤니케이션 및 콘텐츠 소비의 접점으로 활용하고 있다. 2015년 5월 티빙 서비스는 출시 5주년을 맞이했으며 순방문자 1,000만 명, 가입자 700만 명, 다운로드 800만 건을 기록하였다.

a. Tving: 고객의 소리를 듣는 채널과 프레임

방송, 영화, 음악 콘텐츠의 가장 중요한 변화는 모바일 기기의 등장으로 촉발되었다. 이제 더 이상 '본방사수'라는 단어가 중요하지 않게 되었다. 모바일 기기 안에서 DMB나 웹사이트 그리고 미디어 콘텐츠를 서비스하는 여러 플랫폼 등을 통해 실시간보기는 물론 다시보기도 언제든 가능해졌기 때문이다. CJ E&M 역시 티빙 서비스를 통해 실시간 댓글, 실시간보기, 다시보기 등의 서비스를 제공하고 있다.

방송, 영화, 음악 산업에서 중요한 것은 신속성과 누가 양질의 콘텐츠를 더 많이 확보하는가이다. 콘텐츠를 소비하는 입장에서 양질의 콘텐츠를 1,000개 소유한 A업체와 2,000개 소유한 B업체가 존재한다면 B업체에 더 많은 관심을 가질 수밖에 없다.

b. 국내 주문형 방송시장

미국의 넷플릭스는 모바일로 실시간 콘텐츠를 감상할 수 있는 서비스를 운영하고 있다. 비디오 대여 및 스트리밍 서비스 사업으로 시작

국내 주요 모바일TV 보기 서비스

(2015년 기준)

서비스명	운영업체	가격	주요 콘텐츠	특징	가입자
LTE비디오포털	LG유플러스	월 5,000원	실시간 채널 수 89개 VOD 8만 3,000편 미국 HBO 인기 TV시리즈 571편 단독 제공 자체 편집 UCC 제공	생방송 최대 2시간까지 돌려보는 '타임머신' 주요 장면 자세히 보는 0.5배속 슬로머신 기능	유·무료 전체 750만
Btv모바일	SK브로드밴드	월 2,000 ~3,000원	실시간 채널 수 85개 류현진, 추신수 등 MLB 단독 무료 제공 UHD 콘텐츠 최다	무료 회원도 프로야구 등 62개 채널 시청 가능 SK텔레콤 멤버십 활용 가능	유·무료 전체 630만
올레TV모바일	KT	월 5,000원	실시간 채널 수 90개		비공개
티빙	CJ헬로비전	월 2,900원	실시간 채널 수 200여 개 VOD 10만 편 〈왕좌의 게임 시즌5〉	티빙스틱(5만 9,000원)을 이용해 TV로도 볼 수 있음	700만 (앱 다운 800만)
티브로드모바일	티브로드	무료 /월 9,000원	VOD만 제공 무료 1,000편 유료 3,000편	가입 케이블TV 한 대에 스마트폰 4대까지 등록 VOD 공유	앱 다운 500만 (올 3월부터 서비스)
에브리온tv	현대HCN	무료	실시간 채널 수 250개 지상파 없음	중소 콘텐츠사업자들 채널 다양	앱 다운 495만

자료: 국내 주요 모바일TV 보기 서비스

했다가 2015년에는 미국에서 가장 기대되는 드라마 〈하우스오브카드 시즌 3〉를 자체제작할 정도로 미국 콘텐츠시장에서 넷플릭스의 위상은 커지고 있다. 국내 주문형 비디오시장 역시 2~3년 이내에 조 단위의 규모로 성장할 전망이다.

CJ E&M의 대 고객 전략의 두 축은 'Tving'과 '주문형 방송'으로 요약할 수 있습니다. 따라서 두 단어를 키워드로 보다 구체적인 내용을 찾아보기 바랍니다. 제작이나 마케팅, 기획 어떤 파트를 지원하더라도 이런 플랫폼에 대한 이해도가 명확해야 할 것입니다.

03

자체제작과
아웃소싱 구조

CJ E&M은 17개의 방송 채널을 보유하고 있다. 채널마다 다양한 프로그램과 그에 따른 스태프들(PD, 작가, 카메라 감독 등)이 존재한다. 예를 들어 tvN의 〈SNL코리아〉를 보면 PD와 작가들은 모두 CJ E&M 소속이지만 카메라팀을 포함한 촬영팀, 프롬프터, 음향, 세트, 조명팀 등은 외부 프로덕션 소속이다. 외부 프로덕션 소속이라고 해서 차별화된 위치에 있는 것이 아니라 각자의 포지션에 맞게 프로그램 제작에 참여하고 있다. 참고로, 지상파와 종편의 평균 자체제작 비중은 약 30%이며, CJ E&M은 평균보다는 높은 수준으로 추정된다.

크라우드 펀딩

영화는 작품 하나를 완성하는 데 비용과 기간이 많이 투입되는 자본 및 인력 집약 산업이다. 1990년대 이후 대기업 자본이 영화산업 투자

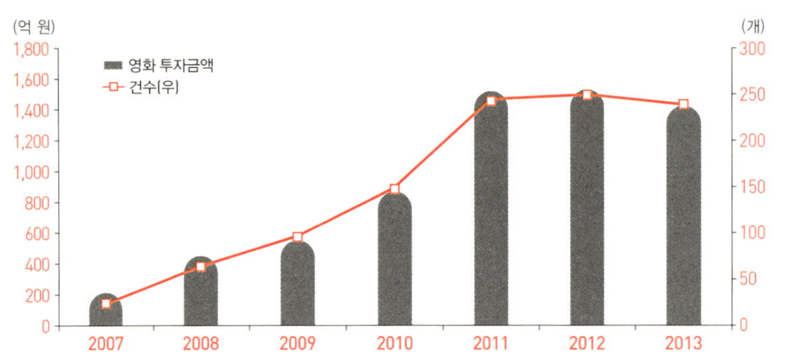

자료: 영진위

(단위: %)

	2002	2003	2004	2005	2006	2007	2008	2009	2010	2011	2012
극장	75.00	76.00	77.32	78.55	75.42	81.92	87.20	88.13	85.41	88.16	85.13
홈비디오	13.56	8.27	8.72	4.14	4.15	2.27	1.24	0.86	0.46	0.27	0.15
TV	4.90	3.56	4.77	4.31	8.73	6.55	4.22	2.57	4.76	1.90	0.55
디지털(IPTV)	0.34	0.48	0.28	0.35	1.17	1.30	3.62	4.12	4.34	7.14	10.58
해외 수출	3.43	9.67	7.95	12.30	9.01	6.98	2.91	3.17	3.11	1.56	3.14
기타	2.77	2.03	0.96	0.35	1.51	0.98	0.81	1.15	1.92	0.97	0.45
합계	100.00	100.01	100.00	100.00	99.99	100.00	100.00	100.00	100.00	100.00	100.00

주: 홈비디오는 VHS, DVD 포함, TV는 공중파, 케이블, 위성 포함
자료: 영진위

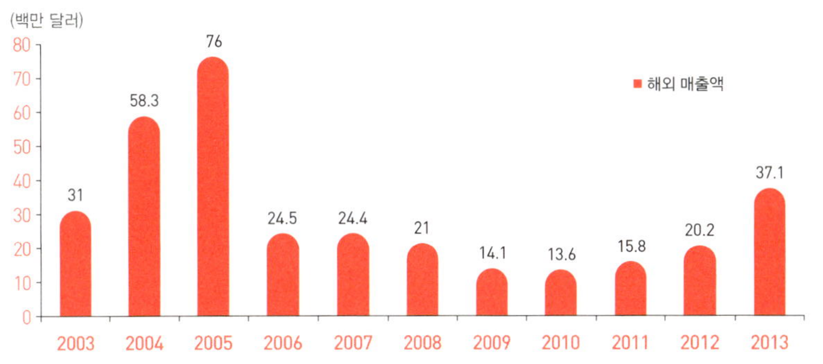

에 진출한 이후 한국 영화산업의 주요 투자 주체는 변화해왔으나, 1990년대 후반 벤처캐피탈, 엔터테인먼트 대기업들이 본격적으로 진입함에 따라 한국 영화의 투자시장 파이는 확대되었다. 상업영화의 평균 수익률은 2002년 이후 2005년을 제외하고 계속 마이너스를 기록해오다 2012년을 기점으로 수익률 13.3%를 기록하며 플러스로 개선되기 시작하였다.

한국 영화의 부흥과 영화산업에 대한 관심이 확대되면서 개인도 영화에 직접 투자할 수 있는 크라우드 펀딩의 기회가 증가하고 있다. 크라우드 펀딩이란 대중을 뜻하는 Crowd와 기금을 모으다를 뜻하는 Funding의 합성어로 다수의 소액 투자자로부터 자금을 조달받는 것이라고 할 수 있다. 영화「연평해전」과「26년」은 국민들의 모금으로 제작비 일부를 충당한 대표적인 크라우드 펀딩 영화로 꼽힌다.

크라우드 소싱에 부합되는 부분 찾아보기

 **크라우드 소싱의 흐름에 자신의 역할이 결합될 수 있는 부분을 찾아봅시다.**

전통적인 측면에서 보면 자체 생산해서 조달하는 내부소싱(혹은 직소싱)과 외부에서 조달하는 아웃소싱이 있습니다. 하지만 인터넷 기반의 산업화가 진화하면서 부품보다는 대중의 지식과 아이디어를 소싱하는 이른바 크라우드Crowd 소싱 개념이 점점 확산되고 있습니다. 소프트웨어 산업에서 말하는 오픈소스라는 것도 이런 크라우드의 일종입니다. 모든 기업이 크라우드 소싱 방식을 채택하기는 어렵겠지만 정보화 사회에서 이런 흐름은 모두의 관심 대상이 아닐 수 없습니다. 크라우드 소싱 개념을 이해했다면 이제 할 일은 자신의 여러 과거 활동이나 학습 과정을 돌아보고 이런 크라우드 소싱의 흐름과 약간이라도 부합되는 부분이 있는지를 살펴보는 것입니다. 기업분석으로 이런 측면들을 습득하고 이를 자신의 영역과 결합시켜보는 노력을 많이 할수록 합격 가능성은 기하급수적으로 높아집니다.

크라우드 소싱 경험 찾아보기

 **자신만의 크라우드 소싱 경험을 찾아봅시다.**

크라우드 소싱은 집단 지성의 힘을 활용하는 소싱 전략입니다. 스마트해지는 소비자들의 아이디어와 지식을 자신들의 제품 생산에 접목시키는 것이죠. 과거와는 비교할 수 없을 정도로 소비자가 기업의 생산 프로세스에 참여하는 일은 많아지고 있습니다. 관련 연구를 보면 나이키의 iD

서비스와 명품 업체 코치의 토트백 디자인 캠페인을 성공 사례로 꼽습니다. iD서비스는 맞춤주문형으로 상품을 제작하는데, 소비자가 원하는 색상을 고르고 제품에 문자를 넣을 수 있게 한 것입니다. 수많은 소비자가 그들의 취향대로 색상을 선택하면 나이키는 이것을 빅데이터화해서 고객의 취향을 반영한 제품을 선제적으로 선보이는 전략을 추구하는 겁니다. 코치는 공모를 통해 소비자의 디자인 아이디어를 인소싱화해서 고객과의 교감을 강화하는 전략을 시행하고 있습니다. 크라우드 소싱 방식으로 디자인 이벤트를 실시하고 채택된 디자인을 제품화하면서 참여자의 이름도 새겨 넣어주는 겁니다. 학창시절 동안 간단하지만 학우들 대상이든 아니면 온라인 누리꾼 대상이든 이들의 아이디어와 지식을 활용한 프로젝트 같은 것을 진행하고 그 경험을 잘 정리해볼 수 있다면 자신만의 훌륭한 콘텐츠가 될 것입니다.

창의력을 끌어내는
특유의 기업 경쟁력

남다른 업무 환경 구축

CJ E&M은 상암 디지털미디어시티에 위치하며 방송, 영화, 음악, 애니메이션 분야에 종사하는 4,000여 명의 직원들이 한 장소에서 근무하고 있다. 일반 회사와 달리 콘텐츠산업을 다루기에 즐겁게 일할 수 있는 환경이 기본적으로 갖춰져 있다. 같은 업계의 경쟁사들보다 퇴사율이 낮다는 점이 이를 반증한다. 또한, CJ E&M의 구내식당은 '푸드 온 에어'라는 이름으로 운영되며 CJ그룹이 운영하는 외식산업의 다양한 음식들을 맛볼 수 있는 쾌적한 시설을 갖추고 있다.

자료: 씨네21

문화 혜택을 누리는 직원들

a. 강유문화

CJ E&M은 자신만의 색깔도 뚜렷하지만 지주사인 CJ의 '강유문화'를 함께 공유한다. 강유문화란 강함과 유연함의 조화를 의미하며 CJ가 원하는 인재상과 맞물려 있는 특유의 문화다. 모든 직원은 유연하지만 결코 약하지 않고, 강하지만 결코 배척하지 않는 자세를 유지하려 노력한다는 뜻이다. 또한, 직원들에게 끊임없는 교육 및 자기계발의 기회를 제공한다. 창의적인 콘텐츠를 만들어내는 사람에 대한 의존도가 큰 산업이기 때문에 CJ E&M은 직원들의 업무 역량 향상과 자기계발을 위해 이에 걸맞은 교육과정을 제공하고 있다. 강의식 교육을 제공하는 것보다는 직원들에게 좀 더 멀리, 좀 더 넓게 바라보는 안목을 심어주기 위해 글로벌 선진 업체들을 방문할 수 있는 연수의 기회(방

송은 해외 방송국 견학, 음악과 공연 부문은 해외 유명 페스티벌 참여 기회 등)를 제
공하기도 한다.

디테일을 중요하게 인식하기

디테일을 중요하게 인식합시다.

'강유문화'를 가졌다는 것은 일차적으로 보면 그만큼 조직원들의
균형적인 감각을 요구하는 것이기도 하지만 근본적으로는 디테일의 중요
성을 강조하고 있다는 의미일 수 있습니다. 방송, 음악, 공연 등과 같은 영
역은 여타 산업에 비해 사람의 생각과 손길을 많이 필요로 합니다. 한 장
면을 만들기 위해 수십 번의 컷을 찍는 과정이 요구된다는 점을 생각해보
면 수긍이 될 겁니다. 회사에 대한 로열티는 당연한 것이므로 논외로 하고,
입사를 위한 경쟁 요소를 자신의 디테일함에서 찾아보기 바랍니다.

05
주요 지표가 나타내는
기업 가치와 미래 전망

CJ E&M의 주가는 2011년 3월 합병 이후 2~5만 원대 Band에 묶여 부진한 흐름을 보였다. 원인은 국내 광고시장 성장 둔화에도 불구하고 지속된 콘텐츠 제작비 증가로 인한 실적 부진에 기인한다. 그러다가 2015년 연초 대비 97% 주가가 상승, 코스피^{KOSPI} 대비 큰 폭으로 아웃퍼폼^{Outperform}하였다. 그 이유는 CJ E&M이 보유한 방송, 영화 콘텐츠의 경쟁력 재평가, 글로벌 시장 성장 가능성에 대한 기대감 등에 근거한다.

a. 수익성

글로벌 기업 대비 수익성은 하회하고 있으나, 2011년 합병 이후 양질의 콘텐츠를 생산하기 위해 투자가 필요했다. 프로그램의 적중률^{Hit Ratio}이 증가하면서 광고 매출 성장, 선순환 구조에 진입하고 있어 향후 수익성

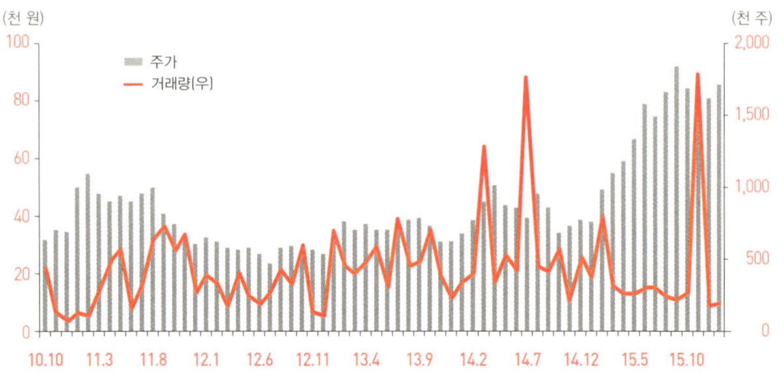

은 크게 개선될 전망이다. 기업의 자산 대비 수익성을 나타내는 ROE 측면에서도 동종 업계 글로벌 경쟁사(디즈니, 타임워너, 컴캐스트 등) 대비 낮았으나 2012년 3.1%, 2013년 0.4%, 2014년 16.4%로 빠르게 개선되고 있다.

b. 안정성

기업 안정성은 2014년 기준 1,130억 원의 순현금 상태로, 재무안정성 측면에서 양호하다. 다만 유입되는 현금의 상당 부분은 제작비 등의 투자자산 증가에 소요되고 있다. 즉, 양질의 콘텐츠 확보를 위한 판권, 그리고 생산된 콘텐츠(드라마, 영화)와 관련된 판권, 개발비, 라이센스 등이 회계적인 무형자산의 증가로 나타나고 있다. 그러나 CJ E&M의 현금 흐름은 안정적 광고 매출과 비용 효율화에 근거하여 더욱 안정적으로 유지될 전망이다.

글로벌 업체 밸류에이션 – 2016년 PER 36.5배로 글로벌 업체 대비 밸류에이션 프리미엄 부여

(단위: 억 달러, 달러, 배, %)

회사	Ticker	시가총액	주가	매출액		영업이익		PER	PBR	ROE	EV/EBITDA
				2015	2016F	2015	2016F	2016F	2016F	2016F	2016F
CJ E&M	130960 KS Equity	27.6	71.4	11.0	11.7	0.5	0.8	32.5	1.9	6.0	8.2
Disney	dis us equity	1,541.5	93.9	559.8	592.4	148.9	158.3	15.1	3.3	21.6	9.3
News Corp	nwsa us equity	73.3	12.5	83.6	84.2	4.4	5.1	19.7	0.6	3.1	5.6
Time Warner	twx us equity	556.8	69.7	285.9	300.1	70.4	76.8	13.2	2.0	18.3	9.2
Discovery Communication	disca us equity	166.4	25.9	64.2	67.3	20.6	21.6	12.6	2.3	21.4	9.4
Comcast	cmcsk us equity	1,318.1	58.0	740.3	778.1	160.8	169.5	16.1	2.6	16.0	6.9

자료: Bloomberg

3년간(13~16) EPS CAGR 149%로 성장성에 대한 프리미엄

* 주로 높은 매출 및 이익 성장이 나타나는 기업들이 높은 P/E 배수로 거래되고 있다. CJ E&M은 향후 높은 이익 성장 기대로 밸류에이션 프리미엄 받으며 거래되고 있다.
자료: Bloomberg

콘텐츠 투자자산 증가가 수익성(ROE)개선으로 연결될 것

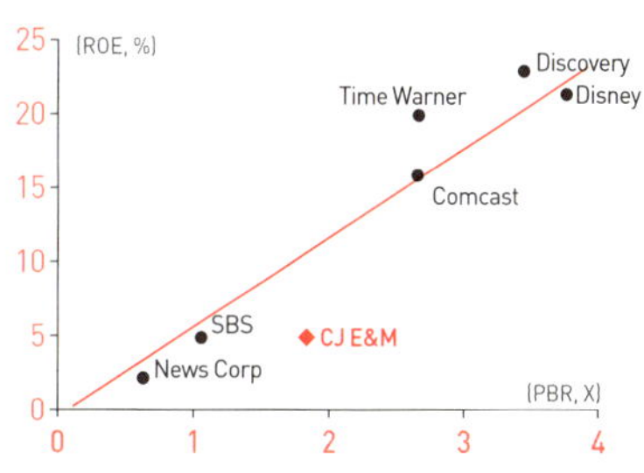

* 목표 P/B 배수 = (ROE−g)/(r−g), ROE대비 P/B배수를 고려하여 주식의 저·고평가 정도를 알아본다.
자료: Bloomberg

c. 밸류에이션

CJ E&M의 2016F 주가수익비율PER은 36.5배 수준에서 거래되며, 동종 경쟁회사(Global Peer: 디즈니 20배, 타임워너 15배, News Corp 28배) 대비

글로벌 미디어·엔터테인먼트 업체 비교

	Disney	News Corp	Warner	Comcast
설립	1923년	1979년	1923년	1963년
기업개요	디즈니 형제가 애니메이션 스튜디오 설립 11개의 테마파크, 영화제작사, 방송사 보유	미국 대표 매스미디어 2013년 7월, News Corp(언론, 출판) 21st Centrury Fox(영화, 방송)으로 분할	미국 종합미디어 그룹 매출액 기준으로 디즈니 이어 2위	미국 최대 케이블TV 업체 2,300만 명의 가입자 보유 2013년 2월 NBC유니버셜 인수
주요 컨텐츠	타임워너, 비아콤과 미국 3대 미디어 그룹 「토이스토리」, 「겨울왕국」 다수의 만화 영화 마블(「아이언맨」, 「엑스맨」 등) 인수 루카스필름(「스타워즈」 등) 인수 야구, 하키 스포츠팀 운영	다우 지수, 월 스트리트 저널 등을 소유하고 있는 다우 존스 앤드 컴퍼니 온라인 소셜 네트워킹 서비스 마이스페이스 종합 엔터테인먼트 그룹인 폭스 엔터테인먼트그룹	워너브러더스, 타임, HBO 등 보유 1990년 타임사 인수 후 사명 변경 1923년 타임지 창간 포춘, 라이프, 피플 등 잡지 출간 2000년 AOL과 합병 2009년 분리	케이블 MSO, 통신 및 브로드밴드 사업 유니버셜영화새죠스, 쥬라기공원 등) NBC는 미국 3대 지상파 방송 채널 중 하나
사업부별 매출 구성 (%)	Media Networks: 43.3 - Affiliate Fees 21.8 - Advertising 16.6 - Other Media Networks 5 Other Entertainment 34.7 Parks and Resorts 21.9 - Merchandise, food and beverage 11.5 - Admissions 10.5	News and Information Services 71.8 Book Publishing 16.7 Cable Network Programming 5.7 Digital Real Estate Services 4.8 Digital Education 1.0	Networks 57.7 - Turner 38 - Home Box Office 19.7 Warner Bros 45.8	Cable 64.2 - Video 30.2 - High-speed Internet 16.5 NBC Universal 37 - Cable Networks 13.9 - Broadcast Television 12.4 - Filmed Entertainment 7.3
지역별 매출 (%)	북미 75.3 유럽 13.3 아시아 8 남미 및 기타 3.3	북미 43.4 호주와 기타 32.8 유럽 23.9	미국 69.8 유럽 17.1 아시아 6.3 남미 5.8	미국 100

자료: Bloomberg

30~150%가량 프리미엄을 부여받고 있다. 그 이유는 중국 등 아시아의 방송, 영화 콘텐츠시장에서 CJ E&M의 콘텐츠가 경쟁력이 있다는 것이 입증되고 있고, 중국을 비롯한 아시아 미디어시장은 이제 성장의 초입이라는 점에 근거하여 향후 높은 매출 및 이익 성장이 기대되기 때문이다.

 **PER이 글로벌 피어 대비 높은 프리미엄을 받고 있다는 점을 인식합시다.**

재무 관련 내용은 재무직무 쪽 지원자가 아닌 이상 가볍게 읽어보면 됩니다. 다만 주가수익비율PER이 글로벌 피어(동종 경쟁회사) 대비 높은 프리미엄을 받고 있다는 점은 잘 기억해두기 바랍니다. 투자자들이 그만큼 CJ E&M의 미래를 밝게 보고 있다는 의미로 해석하면 됩니다.

CJ E&M

문화:
강력한 경영철학이 만들어낸 유연한 조직

CJ E&M을 이룩한 기업의 경영철학은 이병철 선대회장의 '문화가 없으면 나라가 없다'라는 신념에서 비롯되었습니다. 이미 한국 문화를 세계에 알리는 첨병 역할을 하고 있지만, 궁극적으로 전 세계인이 한국 문화를 일상처럼 즐기게 하는 것이 장기적인 비전이라고 할 수 있습니다. 어떠한 기업 문화 속에서 부와 이익을 창출하고 새로운 문화를 전파하고 있는지 조직의 내부를 들여다보겠습니다.

01

짧고 굵은
성장의 역사

흡수·합병을 거친 성장 과정

CJ E&M은 2011년 3월 온미디어, CJ인터넷, 엠넷미디어, CJ미디어, CJ엔터테인먼트 등 CJ그룹 내 미디어·엔터테인먼트 계열 5개사를 흡수·합병하여 탄생한 회사이다. 국내 굴지의 미디어·엔터테인먼트 회사로 방송사업, 게임사업, 영화사업, 음악사업, 공연사업을 영위하고 있다. 이후 2013년 12월에는 5개 방송 자회사 오리온시네마네트워크, 온게임네트워크, 바둑텔레비젼, 케이엠티브이, 인터내셔널미디어지니어스와의 합병을 완료하기도 하였다. 2014년 4월 글로벌 모바일게임 시장의 경쟁력 및 역량 강화를 위해 게임사업 부문과 CJ게임즈의 통합 및 중국 텐센트로부터의 투자유치를 결정하였다. 따라서 게임사업 부문(CJ넷마블)은 연결재무제표 대상에서 제외되었다.

문화를 생각하는 창업자의 경영철학

CJ E&M의 경영철학은 '문화가 없으면 나라가 없다'는 선대 회장(고 이병철)의 신념에서 비롯되었다. 장기적으로 '전 세계인은 1년에 2~3편의 한국영화를 보고, 매주 1~2편의 한국 드라마를 보고, 매월 1~2번의 한국 음식을 먹고, 매일 1~2곡의 한국 음악을 듣는 것'을 비전으로 삼고 있다. 한국 문화를 세계에 알리는 첨병 역할을 하고 있으며, 문화사업은 '수익자 부담' 원칙(제조업-철강, 반도체, 자동차-과는 달리 수익을 내려면 상당한 시간이 걸린다)이 통하지 않지만, 세계 시장에서 주류가 될 때까지 포기하지 않는 정신이 필요하다.

현재 회사의 성장 중심에는 이미경 총괄 부회장이 존재한다. 이 부회장은 단기간에 CJ E&M을 국내 대표 문화브랜드로 성장시키며 CJ그룹의 문화사업을 책임지고 있다. tvN, 엠넷 등 주요 케이블 채널을 장악하면서 기존 방송 채널과는 차별화된 콘텐츠를 생산해내고, CJ CGV의 전국 영화 네트워크를 기반으로 방송·영화 부문에서 강력한 시장 지배력을 구축하고 있다.

이미경 부회장의 경영철학은 '상생'으로 대표된다. 매해 기업 경영을 통해 사회 전반적인 부와 이익을 창출해야 한다는 사업보국事業報國을 강조해왔다. 단기적인 이익보다는 장기적인 비전에 지속적인 글로벌 투자를 확대하는 것 역시 이 부회장의 경영 마인드가 반영된 것으로 판단된다.

흡수 · 합병을 거쳐 탄생한 CJ E&M의 발전사

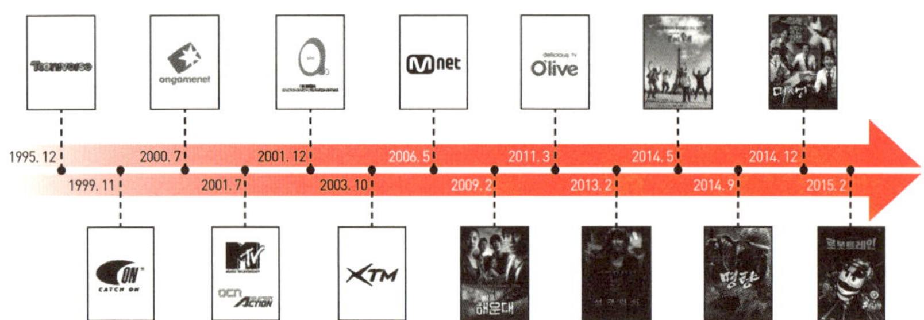

방송		영화	
1994년 09월	주식회사 '뮤직네트워크' 창사	1995년 09월	제작투자 및 배급회사 CJ엔터테인먼트로 첫 출발
1995년 12월	투니버스 본방송 실시	2009년 11월	일본 메이저 배급사 'T-Joy'와 합작법인 설립
1996년 03월	엠넷 24시간 전일방송 실시	2009년 02월	「해운대」 2009년 최다 관객작 전국 1,127만 명 동원
1999년 06월	㈜대우로부터 영화채널 DCN 인수	2013년 02월	「설국열차」 한국 최초로 전 세계 167개국에 선판매
1999년 08월	바둑TV 경영권 인수	2014년 09월	「명량」 1,761만 명 관객 동원(역대 1위)
1999년 11월	㈜중앙일보로부터 캐치원 인수	2015년 02월	「국제시장」 1,400만 명 관객 동원(역대 2위)
2000년 01월	미국 타임워너 계열 HBO로부터 1,250만 달러 투자유치	**음악, 공연**	
2000년 07월	게임채널 '온게임넷' 개국	2003년 03월	CJ미디어라인 설립
2001년 07월	OCN Action, MTV 개국	2003년 04월	CJ엔터테인먼트 공연사업 시작
2001년 09월	대구 수성, 강원 영동, 전남 동부 SO 인수	2004년 04월	CJ미디어라인, CJ뮤직 흡수합병
2001년 12월	디지털 온디미어 출범	2006년 05월	엠넷닷컴 론칭
2002년 08월	CJ미디어 주식회사로 사명 변경	2006년 09월	CJ미디어로부터 채널 Mnet 인수
2002년 11월	HBO채널명 캐치온으로 변경	2011년 01월	엠넷미디어가 CJ E&M에 합병
2003년 10월	1834 영화오락채널 'XTM' 개국	2014년 03월	CJ E&M 레이블 체제 도입
2004년 10월	중국 영화전문채널 CCTV6와 전략적 제휴	2014년 12월	미국 브로드웨어 프로듀서협회 '브로드웨이 리그' 아시아 3번째로 가입
2005년 06월	'푸드채널'을 라이프스타일 채널 '올리브 네트워크'로 재개국		뮤지컬 '킹키부츠' 전 세계 최초 라이선스 공연
2006년 07월	온미디어, 유가증권시장 상장	**애니메이션**	
2008년 09월	중국전문채널 중화TV 인수	2013년 11월	애니메이션 사업부 설립
2009년 12월	홍콩 'tvN Asia' 론칭	2014년 02월	유진로봇 지나월드 완구 개발 협력 체결
2011년 03월	CJ E&M 합병, O'live 채널 재개국	2015년 02월	애니메이션 첫 사업기획작 〈로봇트레인〉 론칭
2012년 11월	온라인 미디어렙, 메조미디어 인수		
2014년 05월	tvN 〈꽃보다 할배〉, 백상예술대상 예능작품상 수상		
2014년 08월	게임사업부문의 물적분할(신설법인 CJ넷마블㈜) 완료		
2014년 10월	〈더 지니어스〉 유럽지역(네덜란드, 프랑스) 수출		
2014년 12월	tvN 〈미생〉 '한국방송비평상' 수상		

자료: Bloomberg

02

창의와 자유의 온상, 소통하는 기업문화

사원부터 CEO까지 구성원이 커뮤니케이션 채널을 통해 격의 없는 소통을 진행한다. 필명을 사용하여 자유로운 주제 토론이 이루어지는 토론방도 운영하고 있다.

CJ E&M의 기업문화는 1996년 국내 최초로 도입된 '님 문화'로 특징지을 수 있는 수평적인 조직문화이다. 기존 서열 중심의 수직적 호칭 체계를 수평적으로 전환하여 직급에 관계없이 '~님'으로 통일해 사용하고 있다.

조직과 개인의 업무 효율성 제고를 위해 부서 단위로 1개월 이상의 기간으로 플렉시블 타임제를 운영한다. 워킹맘, 원거리 출근자 등을 위한 배려이다.

1999년부터 대기업 중에서 선도적으로 근무복장 자율화 제도를 도입해 젊은 조직, 미래지향적인 조직을 추구하였다.

기업비전 – 글로벌 대중문화의 새로운 지평을 열고 있는 콘텐츠 기업

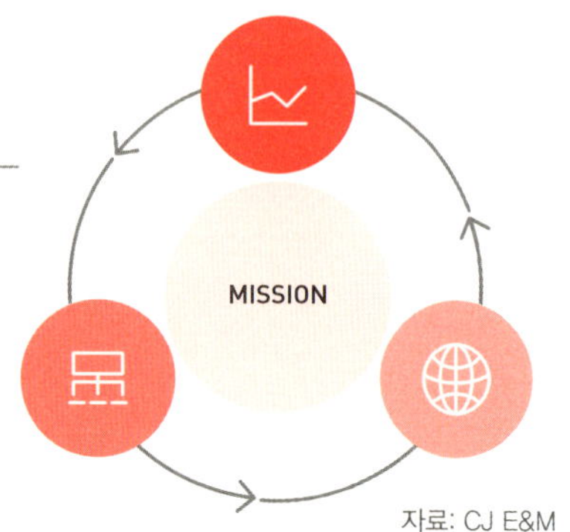

그 밖에 CJ 계열사 모든 제품 35% 할인, CJ몰 임직원 특별할인, 해외 여행 지원 등 다양한 복리후생뿐만 아니라, 임직원의 문화 콘텐츠 소비에도 적극적인 지원을 해주고 있다. 문화·예술 공연 특가뿐만 아니라 CJ 콘텐츠 '봐야지VOYAGE' 그룹 내 우수 인력을 선발해 가치 있는 콘텐츠를 체험할 수 있는 기회 등을 부여하고 있다.

멘토의 Tip ㉗ 회사의 비전과 목표를 위해 할 일 정리하기

회사의 비전과 목표에 어떤 역할을 할 수 있는지 정리해봅시다.

기업문화는 궁극적으로는 소비자를 겨냥하고 있습니다. 같은 성향을 지닌 사람끼리 모이듯이 장기적으로는 소비자들도 자신의 성향에 부합하는 회사의 제품을 구매하게 됩니다. 기업들마다 표방하고 있는 기업

문화를 살펴보면 결국은 분위기가 아니라 메시지를 전달하려 합니다. 이는 소비자 로열티와 관련 있기 때문입니다. 기업이 자신들의 이익만을 위한다면 그 어떤 소비자가 로열티를 가질까요. 기업이 자신들의 이해관계를 위해서가 아니라 소비자 가치를 위해서 무언가에 매달릴 때 소비자들은 공감하게 됩니다. 그래서 훌륭한 기업은 분위기가 아니라 목표나 비전으로 존경받는 겁니다. CJ E&M의 기업문화를 분석할 때 단순히 일하는 분위기보다는 사업 비전과 목표를 잘 분석하고 자신이 어떤 역할을 할 수 있는지를 정리해보기 바랍니다.

03

다방면의 업무를 아우르는
주요 직무 구조

CJ E&M의 직무구조는 디자인, 방송영상미술, 방송기술, 인사, 경영·전략기획, 홍보, 글로벌, 재무, Media Sales, 방송콘텐츠사업, 영화콘텐츠사업, 음악콘텐츠사업, 공연콘텐츠사업, 온라인콘텐츠사업, 온라인콘텐츠제작, 온라인프로덕션 등으로 나뉜다. 구체적인 내용은 다음과 같다.

CJ E&M의 직무구조

a. 디자인(UI·UX)

UI(User Interface)는 사용자와 컴퓨터 사이의 상호작용을 원활하게 하는 이미지, 버튼 등을 조절하고 구조하는 디자인을 뜻하며 UX(User

Experience)는 사용자의 경험을 디자인하는 좀 더 광범위한 의미의 개념이다. 모든 온라인 서비스에 대해 User Centered된 디자인을 제작·담당, UI디자인, 서비스 브랜드 디자인, UI 개발, 최근 국내와 글로벌을 아우를 수 있는 스탠더드 UI에 대한 연구와 검토를 담당한다.

b. 방송영상미술

카메라, 무대, 조명에 대한 모든 것을 맡아 완성도 높은 프로그램 제작을 지원하는 업무를 맡는다.

c. 방송기술

기술감독, 영상, 음향, 편집, 기술기획지원을 담당한다.

d. 인사

회사의 중장기 경영 전략·방향 달성에 있어 우수 인재 확보·유지 및 구성원의 건전한 조직문화 형성을 위한 제반 활동을 수행한다.

e. 경영·전략기획

외부 환경 변화, 고객 가치 제고, 내부 역량 분석 등을 통해 기업 경영의 방향성 설정 및 전략 수립을 담당, 사업 부서의 효과적이고 효율적인 운영을 위해 관리 및 지원한다.

f. 홍보

회사의 긍정적인 정보를 언론 매체에 제공, 기사화하여 유리한 여론 환경을 조성하기 위한 커뮤니케이션 활동을 담당한다. 이를 테면, 회사의 경영활동과 관련된 뉴스 가치를 발굴하여 전략적으로 언론 매체에 제공하여 기사 게재를 유도하고 각 언론사별, 기자별로 선호하는 정보와 뉴스 가치를 분석, 관리하는 활동을 지속한다. 언론을 비롯해 정부 유관부처나 기관, 시민단체 등 외부의 환경 변화 양상을 지속적으로 탐색하는 업무이다.

g. 글로벌

- 방송: Mnet US, tvN Asia 등 전 세계 시장을 향해 사업 영역을 확장한다.
- 영화: 할리우드 제작사와의 공동제작, 파라마운트와 드림웍스 단독 배급으로 콘텐츠시장을 리드하고 한류 영화시장을 개척하는 일이다.
- 음악: 국내 최대 규모의 음반·음원 기획·제작·유통 및 콘서트·페스티벌 제작으로 국내 음악산업을 선도, K-pop 글로벌 진출의 게이트웨이이자 세계적인 음악 기업으로 자리매김하는 데 일조한다.
- 공연: 뮤지컬, 연극 등의 종합 퍼포먼스 콘텐츠와 공연장 인프라를 통해 한국 공연사업 선도해 나간다.
- 온라인: CJ E&M의 온라인 및 모바일 비즈니스를 총괄하는 업무를 담당한다.

h. 재무

회계업무는 재무제표 작성을 위한 제반 업무를 수행, 자금업무는 사내의 모든 자금의 입출금 관리 및 전표처리를 하며, 자금의 운용 및 채권의 평가, 외환 송금 등의 업무, 세무업무는 법인세와 부가가치세, 원천징수세를 신고·관리하며, 세무 이슈에 대한 검토와 변경되는 세법의 내용을 회계처리에 적용하는 업무를 맡는다.

i. Media Sales

영업 전략 수립 및 차별화된 상품가치 개발, 국내외 미디어사업자의 지속적인 벤치마킹과 자사 상품 재원의 가치를 높이고 판매 전략을 차별화하여 시장을 리드하는 역할을 한다.

j. 방송콘텐츠사업

주요 콘텐츠를 수급하고 CJ E&M의 자체 제작물을 국내외로 배급하는 업무이다. 또한 각 방송채널에 맞는 최고의 콘텐츠 및 포맷을 소싱하고 계약한다. 수급한 콘텐츠 및 자체 제작한 방송, 영화 콘텐츠를 국내외의 다양한 플랫폼에 배급하여 부가가치를 극대화한다. 또한 기타 다양한 외부 콘텐츠를 수급하여 국내외 각 플랫폼에 배급하는 콘텐츠 통합(Contents Aggregation) 사업을 통해 한국 콘텐츠사업의 전반적인 구조를 개선·발전시키는 업무를 한다.

k. 영화콘텐츠사업

국내에 영화를 유통·배급하는 업무이다. 그 외 극장 상영 종료 후 극장 이외의 매체를 통하여 유통, 배급하는 부가판권배급, 외국영화를 구매하거나, 외국·한국 영화의 배급대행권을 확보하는 소싱도 담당한다.

l. 음악콘텐츠사업

음악 투자는 다양한 투자 방식을 통하여 글로벌 음악 콘텐츠의 투자, 제작 관리, 유통, 마케팅 업무를 수행한다. 현 시장의 트렌드를 이해하고 업계 내 다양한 인적 네트워크 구축한다.

m. 공연콘텐츠사업

연간 약 20여 편의 라이브 공연 콘텐츠에 대한 투자기획을 통하여 공연사업 부문의 주요 경영목표를 달성하는 일을 맡는다. 작품의 가치와 시장 상황, 투자수익성을 고려한 후, 작품의 사전제작 단계부터 홍보·마케팅 단계에 이르기까지 작품이 탄생하는 제작 전 과정에 공동으로 참여한다.

n. 온라인콘텐츠사업

모든 콘텐츠의 서비스, 사업, 전략, 마케팅 기획과 운영 실행을 담당, 온라인 및 모바일에 대한 제반 정책을 수립하고 추진하는 업무이다.

o. 온라인콘텐츠제작

뉴미디어 환경 변화에 적합한 콘텐츠를 기획, 제작함으로써 글로벌 스마트미디어 콘텐츠 소비 라이프를 이끄는 콘텐츠 기획 및 제작 업무이다.

p. 온라인프로덕션

N스크린 서비스, UI·UX 기획, 웹서비스, 모바일개발, 플랫폼개발, 인프라개발, 시스템운영 업무을 담당한다.